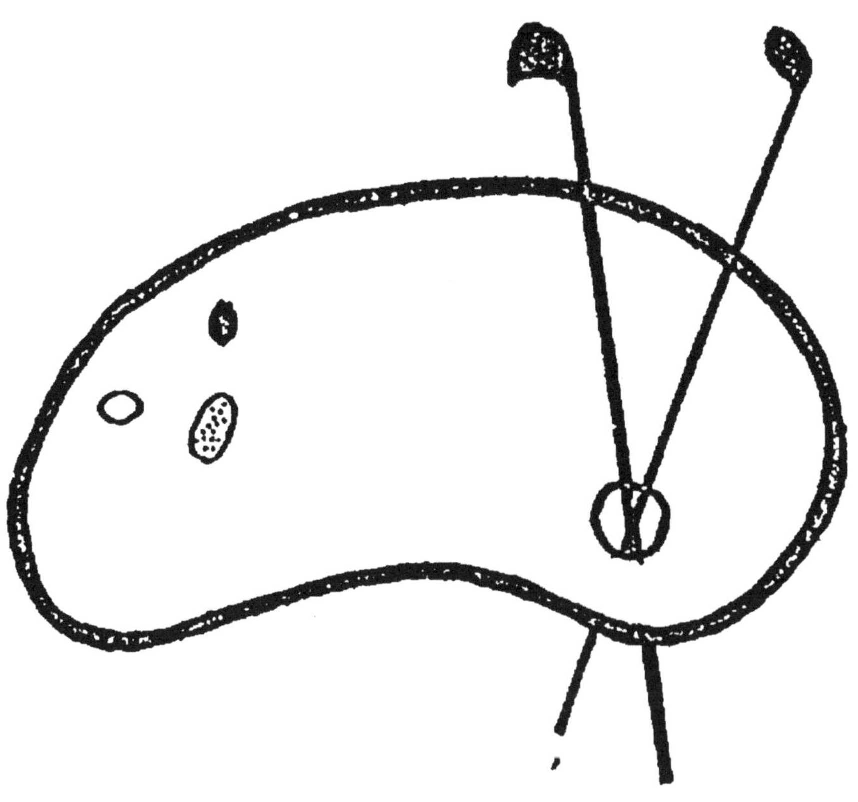

DEBUT D'UNE SERIE DE DOCUMENTS
EN COULEUR

Mgr GIBIER
ÉVÊQUE DE VERSAILLES

Les Berceaux Vides

LE MAL ET LE REMÈDE

PRIX : 2.00
(majoration en plus)

PARIS
P. LETHIELLEUX, LIBRAIRE-ÉDITEUR
10, RUE CASSETTE, 10

2me édition

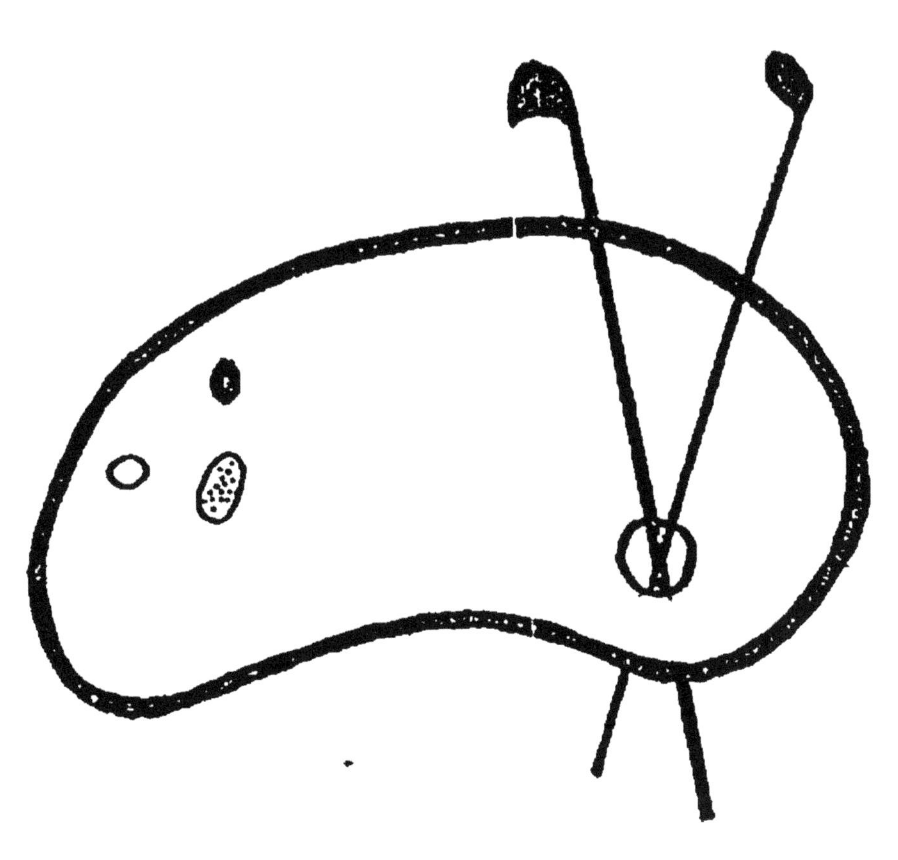

FIN D'UNE SERIE DE DOCUMENTS
EN COULEUR

Les
Berceaux Vides

Cet ouvrage a été déposé, conformément aux lois, en septembre 1917.

Mgr GIBIER
ÉVÊQUE DE VERSAILLES

Les Berceaux Vides

LE MAL ET LE REMÈDE

PARIS
P. LETHIELLEUX, LIBRAIRE-ÉDITEUR
10, RUE CASSETTE, 10

INTRODUCTION

La Fécondité de la Société familiale

LES BERCEAUX VIDES

INTRODUCTION

La Fécondité de la Société familiale

La France a failli mourir d'avoir oublié la nécessité, la sainteté, l'unité, l'indissolubilité et surtout la fécondité de la Société familiale. Si nos foyers avaient été plus peuplés, l'Allemagne ne nous aurait pas fait la guerre ou du moins nous aurions pu lui opposer une force numérique égale à la sienne. La famille française doit donc retrouver toute sa fécondité. Dans la Société familiale la fécondité est la loi et la stérilité est l'exception.

M. René Bazin, dans l'*Écho de Paris* du 12 novembre 1916, répond à un correspondant qui fait reproche au clergé de ne pas dire assez aux jeunes gens, aux hommes, aux femmes, leurs obligations de conscience en matière de mariage : « C'est là, écrit-il, un sujet délicat. Je voudrais voir mon correspondant en chaire exposant les obligations du mariage. Il aurait à ses trousses, le lendemain, tous les journalistes de la presse irréligieuse, si délicate, comme l'on sait, sur le chapitre de la pudeur, sans parler des vieilles filles qui croiraient qu'on a offensé leur état, et de plusieurs honnêtes ménages, amis d'un certain silence, et qui, pour se déclarer scandalisés du rappel à leurs devoirs, argueraient aussitôt de la présence de Marguerite. Le principal n'est point, en ce moment, de récriminer, mais de noter que la gravité du péril étant claire pour tous les yeux, la question agitée partout, les esprits saisis de ce problème, qui est celui de la vie ou de la mort de la France, les prêtres seront plus libres de dire ce qui doit être dit. » Ces remarques nous semblent très judicieuses et tout de suite nous en bénéficions.

***

Nous disons d'abord que dans la Société familiale *la fécondité est la loi.* Dieu a laissé tomber sur le berceau du monde une grande parole, une parole qui a créé les foyers, les patries, les races, l'humanité. Il a dit : *Crescite et multiplicamini et replete terram*, croissez, multipliez-vous et remplissez la terre ! En recevant la vie, Adam et Ève ont reçu en même temps l'ordre de transmettre la vie. Et cet ordre est le plus important que Dieu ait donné à l'homme, puisque, selon qu'il sera observé ou méconnu, il décidera de la vie ou de la mort du genre humain. D'un autre côté, le devoir imposé par Dieu il y a 6.000 ans à nos premiers parents a-t-il jamais été révoqué ? Jamais. Pour contester et effacer la loi divine primitive de la croissance et de la fécondité, il faudrait supprimer les deux Testaments et les déchirer page par page depuis le premier verset jusqu'au dernier.

Dans l'Ancien Testament, au chapitre 38 de la Genèse, il est parlé d'un homme qui a outragé sur ce point le précepte divin. « Dieu l'a frappé de mort, dit le texte sacré, parce qu'il avait fait une chose détestable, *percussit eum quod rem detestabilem faceret.* » Puis, par la bouche de David, Dieu compare les enfants de l'homme juste aux plants d'oliviers qui croissent et grandissent autour de la table de famille ; il célèbre l'épouse du sage semblable à la vigne abondante et chargée de fruits ; il affirme qu'on n'a jamais vu le juste abandonné et sa postérité mendiant son pain.

Et après la Bible, l'Évangile nous montre les oiseaux du ciel à qui le nid ne manque jamais ; les lis des champs qui ne sèment ni ne plantent, mais qui sont vêtus avec plus de magnificence que Salomon dans sa gloire ; les petits que la poule appelle sous ses ailes et qu'elle tient à l'abri de la tempête, c'est-à-dire le foyer rempli et peuplé d'habitants sous l'égide de la bonne Providence.

La sagesse des peuples chrétiens a ratifié tous ces textes de l'Ancien et du Nouveau Testament, en déclarant comme un adage et une vérité notoire que Dieu bénit les grandes familles.

L'enseignement de l'Église catholique n'a jamais varié là-dessus. Si l'Église exalte la vierge, elle est loin de déprécier la femme mariée. Elle rehausse au contraire l'état de mariage, tout en le proclamant moins parfait que l'état de virginité. A ses yeux, le mariage est une chose sainte, un sacrement, un grand sacrement, *sacramentum hoc magnum est,* et de concert avec la Bible, l'Église encourage et bénit les foyers où germe une nombreuse postérité.

Dès les premiers siècles du christianisme, le rude Tertullien stigmatise le vice honteux et criminel qui supprime la vie. « Empêcher de naître, dit-il, c'est tuer à l'avance, car celui-là est homme qui doit le devenir ; tout fruit est dans son germe. »

Le catéchisme du Concile de Trente ne s'exprime pas avec moins d'énergie sur ce point particulier de la morale chrétienne et le catéchisme du Concile de Trente est le catéchisme officiel dans l'Église.

Écoutons Bossuet. Il tire de l'Écriture cette maxime de gouvernement que les vraies richesses d'un royaume sont les hommes qui abondent dans son sein, et il s'écrie : « Soient maudites de Dieu et des hommes les unions dont on ne veut pas de fruits, et dont les vœux sont d'être stériles ! » On peut lire cette citation dans son beau livre de *la Politique sacrée.* Et quand il s'adresse aux populations de la Brie, dans son catéchisme du diocèse de Meaux, il parle encore plus clairement et plus fortement. — D. Dans quel dessein doit-on user du mariage ? — R. Dans le dessein de multiplier les enfants de Dieu. — D. Dites-nous quel mal il faut éviter dans l'usage du mariage ? — R. C'est de refuser injustement le devoir conjugal, c'est d'éviter d'avoir des enfants : ce qui est un crime abominable.

Depuis Tertullien et Bossuet, est-ce que la morale chrétienne a fléchi ? Est-ce que l'Église catholique a cessé de la rappeler, de la prêcher, de l'imposer à ses fidèles ? Pas du tout. Il y a seulement trente ans, en 1887, du haut de la chaire de Notre-Dame de Paris, le P. Monsabré, dans une page magistrale, flagellait vertement « le crime de ceux qui, obéissant à de vaines craintes ou à de méprisables calculs, mesurent leur paternité et disent à la vie : Tu viendras jusqu'ici et tu n'iras pas plus loin ». Il y a seulement sept ans, en 1910, le grand archevêque de Malines, le cardinal Mercier, dans une lettre qui a fait le tour de la presse, a traité ce même sujet avec une précision théologique et une audace apostolique devant lesquelles doivent s'évanouir toutes les illusions de la demi-bonne foi et toutes les oppositions de l'indocilité et du parti pris. Enfin voici un témoignage encore plus imposant puisqu'il vient de plus haut. Il y a seulement deux ans, le 27 avril 1915, dans une lettre sur la Consécration des familles au Sacré Cœur, le Saint Père Benoît XV flétrit l'impiété qui, « en prônant l'art honteux de satisfaire son plaisir en fraudant les droits de la nature, tarit la source même du genre humain et souille de mœurs infâmes la sainteté du lit conjugal ».

L'enseignement de l'Église n'a donc jamais varié. Il répète et reproduit exactement la loi divine promulguée dès l'origine du monde. Il condamne impitoyablement tout ce que Dieu a condamné dès la première heure de la création. Il affirme formellement la loi de la fécondité que Dieu a imposée à la Société familiale sur le berceau de l'humanité naissante. Dieu ne change pas... sa loi non plus. Elle est claire, permanente, catégorique, indéniable sur le point capital qui nous occupe. D'une commune voix Dieu et l'Église disent aux époux qui vont fonder un foyer : « Vous êtes libres d'embrasser cet état, mais vous n'êtes pas libres d'en chercher les agréments et d'en décliner les obligations, et mieux vaudrait cent fois renoncer au mariage que d'en méconnaître les devoirs. »

***

Cependant, en un sujet aussi important et aussi délicat, il est nécessaire d'éviter toute exagération et toute injustice, et quand on a dit que dans la Société familiale la fécondité est la loi, il faut ajouter aussitôt que *la stérilité est l'exception*, l'exception qui échappe à la loi sans l'outrager et la détruire.

Il serait souvent cruel et odieusement injuste de taxer de défaillance devant le devoir tout ménage sans enfants ou avec un enfant unique. Car il existe une stérilité involontaire. C'est une exception. Mais enfin l'exception existe. Des bas-fonds au sommet de la nature animée, dans l'immense germination des vies qui se fait tous les jours, des germes se perdent. « Si vous me demandez pourquoi, dit le P. Monsabré, je vous répondrai que c'est le secret du gouvernement de Dieu. Ceux qui croient à la Providence doivent adorer ses desseins et laisser marcher ses lois. » Il y a donc des cages sans oiseaux, des ruches sans abeilles, des foyers qui restent déserts de par la volonté de Dieu. C'est une épreuve que les époux vraiment chrétiens savent accepter noblement. Ils s'aiment d'autant mieux qu'ils se sentent plus nécessaires l'un à l'autre. Et puis ils se font une famille adoptive de tous ceux qui profitent des bienfaits de leur charité. Leur famille, ce sont les malheureux qu'ils assistent, les affligés qu'ils consolent, les pauvres petits qui leur doivent le pain de chaque jour, le vêtement, l'instruction et, ce qui vaut mieux, les principes de la foi et le saint amour de Dieu. Nous voyons cela assez souvent. Nous voyons des époux ou simplement des veuves sans postérité qui font un bien immense dans leur entourage, qui sont la providence des faibles et le salut d'une multitude d'âmes, qui se donnent sans mesure aux œuvres saintes de la charité et de l'apostolat. Telle est la stérilité involontaire qui profite à la terre et que le ciel bénit.

Il peut se rencontrer dans la Société familiale une autre stérilité, également exceptionnelle et qui, sans être voulue de Dieu, n'est pourtant pas une offense à sa divine majesté. C'est la stérilité des époux qui, d'un commun accord, renoncent librement à l'usage de leurs droits conjugaux et consentent à vivre comme frère et sœur, soit pour des raisons supérieures de sacrifice et de renoncement, soit pour des raisons moindres, légitimes cependant ; ils paient d'ailleurs cette exception par le généreux sacrifice d'un plaisir et ils ne refusent ou ne limitent la paternité qu'à la condition et avec la promesse de rester chastes. Il est évident que la continence ainsi comprise et pratiquée a une place légitime dans toute vie conjugale honnête. Il est également évident qu'une telle continence restera toujours absolument exceptionnelle et qu'elle n'empêchera jamais la natalité générale de se maintenir très élevée. Elle est trop difficile pour qu'on en abuse. Disons aussi qu'elle suppose une grande force d'âme et une vive piété, une grande force d'âme pour régler les instincts qui s'insurgent contre la conscience, une vive piété pour attirer la grâce qui peut seule venir suffisamment en aide à la nature.

La stérilité volontaire dont nous venons de parler est généralement relative et purement temporaire. Quelquefois cependant elle peut être absolue et définitive, et elle prend alors les proportions de l'héroïsme et de la sainteté. On lit dans la vie de saint Henri, empereur d'Allemagne, qu'à son lit de mort, il fit appeler les parents de sainte Cunégonde, son épouse, et quelques-uns des princes de la cour et leur tint ce langage en prenant la main de la sainte impératrice : « Je vous recommande celle que vous m'avez donnée pour épouse ; la voici, je l'ai reçue vierge et vierge je vous la rends. » Ils avaient, pendant plus de vingt ans, vécu dans l'union la plus virginale et la plus sainte, parfaits imitateurs de Marie, Mère de Dieu, et de Joseph, son chaste époux, dont le saint mariage n'a été que l'union de deux cœurs et de deux volontés et l'aimable commerce d'une réciproque assistance. Il est clair que dans la Société familiale les époux peuvent, d'un mutuel consentement, garder la chasteté parfaite ; mais il est clair aussi qu'ils ne sont pas tenus à un tel héroïsme et que la fécondité du foyer reste la loi générale, tandis que la stérilité n'est qu'une exception.

Enfin, pour épuiser sur ce sujet la série des exceptions, il est nécessaire de dire ici un mot de ceux qui ne sont pas faits pour fonder un foyer et qui se placent en dehors de la Société familiale par la pratique de la virginité chrétienne. En vertu d'un dessein particulier de Dieu, un certain nombre de personnes sont appelées à la vocation exceptionnelle du célibat pratiqué soit au milieu du monde, soit dans la vie religieuse. Elles sont ici-bas la troupe choisie, la plus utile, la plus heureuse, la moins exposée. Dieu leur a réservé la meilleure part, et de leur côté elles épanchent sur l'humanité d'immenses bienfaits. Stériles au point de vue matériel, au sens vulgaire du mot, elles sont au point de vue surnaturel et même simplement humain, une source féconde de vertus héroïquement pratiquées et de services généreusement rendus. Elles ont dans le monde et devant Dieu une mission exceptionnelle qui mérite non seulement le respect et les égards, mais l'admiration et la reconnaissance. Elles ne sont pas la négation et la suppression de la Société familiale; elles en sont la fleur, l'arome, la parure exquise et l'aimable parfum. Ce chapitre important de la virginité mérite d'être étudié à part et à fond. Nous y reviendrons.

***

Sur le grave sujet qui vient d'être traité et qui préoccupe tous les esprits, il nous plaît d'insérer ici un article publié dans le *Semeur de Seine-et-Oise* du 24 décembre dernier. C'est un appel adressé par le général Bonnet aux pères de famille nombreuse habitant Versailles :

« La vie est faite de regrets et d'espérances, et la tension morale, inhérente à la guerre, avive les uns et les autres. Un des plus vifs regrets qui soient communs à tous les Français, c'est que, depuis 1870, la population de la France ne se soit pas accrue comme celle de l'Allemagne, ce qui aurait eu pour résultat, ou d'éviter la guerre, ou de pouvoir mettre en ligne autant de soldats que l'Allemagne.

« Le moment approche, prophétisait le professeur « allemand Rommel, où les cinq fils de la famille « allemande viendront facilement à bout du fils « unique de la famille française. » Nos gouvernants, orientés surtout vers l'accroissement du bien-être, n'y ont pas fait attention, et, bien qu'ils n'aient pas l'habitude des *meâ culpâ*, il n'est pas douteux qu'ils s'en repentent.

« La nombreuse famille, celle des cinq fils, comme disait ce Boche, n'existe-t-elle donc plus en France ? A ne considérer que les familles des sommités politiques, on le croirait ; mais quand on regarde du côté de ceux qui ont pour principal guide le devoir chrétien, on trouve encore grand nombre de ces familles-là. Seulement, les chefs de ces nombreuses familles sont, le plus souvent, trop modestes et vivent trop retirés. C'est un tort ; la plupart le reconnaissent aujourd'hui, et eux aussi se repentent. La guerre s'est chargée, d'ailleurs, de mettre leur valeur en évidence. Tous les Français ne sont-ils pas d'accord pour convenir que ceux qui ont donné le plus de fils à nos armées ont bien mérité de la Patrie et doivent être proposés à la reconnaissance de tous ?

« C'est sans doute là le plus élevé des motifs qui décident aujourd'hui les chefs de famille nombreuse à secouer leur modestie et à faire entendre leur voix ; mais il en est d'autres. En se montrant, en mettant en évidence leur œuvre d'éducation patriotique et chrétienne de six, huit, dix enfants, ils peuvent espérer que leur exemple sera contagieux, car c'est une joie bien vive, quoique austère, de préparer ses fils et ses filles à faire honneur au nom qu'ils portent et à leur Patrie. Il y a pourtant, on ne saurait le nier, un obstacle réel à la vocation de chef de famille nombreuse, c'est la constatation que les riches qui ont beaucoup d'enfants cessent d'être riches, que ceux qui étaient dans l'aisance tombent dans la gêne, et que ceux qui étaient gênés deviennent tout à fait pauvres. Le responsable de cette injuste situation, c'est, en grande partie, le législateur, qui n'a pas su régler le budget de la France de telle sorte que les familles nombreuses ne soient pas vouées à l'appauvrissement. A lui de réparer le mal qu'il a fait. Ceux qui en pâtissent ont le droit de lui tracer la voie pour la réparation de ses torts.

« Et c'est principalement pour exercer ce droit et remplir ce devoir qu'a été fondée « La plus grande Famille », association des chefs de famille ayant, au moins, cinq enfants. Il ne s'agit pas de dresser la famille contre l'État, mais d'élever la famille à son vrai rang d'autorité sociale, à côté de l'État. Depuis nombre d'années, l'individu est tout et la famille presque rien ; c'est le contraire qui doit avoir lieu. La famille est la cellule d'où chaque nation est issue et qui est chargée de la perpétuer, de génération en génération. Tout ce qui va à l'encontre du éveloppement de la famille va à l'encontre de la randeur de la Patrie.

« Telle est la conviction que quelques industriels u département du Nord ont importée à Paris, en 915, avec la résolution bien arrêtée de la traduire n actes.

« Se connaître pour s'unir, s'unir pour former une force sociale, et, à l'appui de cette force, réclamer sa place légitime dans la gestion des intérêts de la France, voilà ce que ces fondateurs ont proposé aux chefs de nombreuse famille. Le premier point : faire connaissance les uns avec les autres, ce que ces Messieurs considèrent comme capital, n'allait pas sans difficultés, tant en raison du peu de relations parisiennes des fondateurs qu'en raison de l'attitude d'effacement adoptée jusqu'alors par les pères de famille nombreuse. On a eu recours à un Congrès, à la Société d'Économie sociale, et c'est surtout dans les intervalles des conférences que les chefs de famille se sont présentés les uns aux autres et se sont mis à la disposition des Fondateurs.

« Ce premier groupement a esquissé un projet d'organisation : Secrétariat et Office central de renseignements (24, rue du Mont-Thabor) et diverses Commissions, préparant l'aide mutuelle, tant morale que matérielle, les revendications relatives au logement, les achats en commun, les secours aux victimes de la guerre. La question des dégrèvements d'impôts et de droits de succession, ainsi que celle de l'extension aux fonctionnaires des suppléments de solde déjà accordés aux officiers, et toute autre question devant aboutir à la proclamation des Droits de la famille, juxtaposés aux Droits de l'Homme, ont été réservées pour le moment où « La plus grande Famille » aura recruté des adhérents dans la majeure partie de la France... »

Général Bonnet.

CHAPITRE PREMIER

Le Fléau de la Dépopulation
Ses conséquences

1° Au point de vue familial.

I

Le Fléau de la Dépopulation
Ses conséquences

1° Au point de vue familial.

On redoute le choléra, la peste, la tuberculose ; on cherche contre ces fléaux destructeurs des remèdes, des digues, des atténuations... et on a raison. Cent fois plus meurtriers sont les ravages du fléau qui tarit la fécondité de la Société familiale et qui s'appelle le fléau de la Dépopulation. Il y a là le principe de plus de destructions que n'en peuvent opérer la peste, le choléra, la famine et la tuberculose. « Soient maudites de Dieu et des hommes, s'est écrié Bossuet, les unions dont on ne veut pas de fruits et dont les vœux sont d'être stériles ! » Que ces unions soient maudites de Dieu, c'est assez clair, puisqu'elles vont directement contre l'ordre le plus important que Dieu ait donné à l'humanité quand Il lui a dit : « *Crescite et multiplicamini et replete terram,* croissez, multipliez-vous et remplissez la terre. » Que ces unions méritent la malédiction des hommes, c'est non moins clair, puisqu'elles aboutissent fatalement à la ruine du foyer et à la ruine de la patrie. Étudions aujourd'hui ce grave sujet au point de vue familial.

***

La Famille est la base granitique du monde. C'est la famille saine qui restaure les nations épuisées et raffermit les nations croulantes. Mais au simple point de vue familial, la dépopulation est déjà un véritable fléau. Qui ne connaît les beaux vers de Victor Hugo :

Il est si beau l'enfant avec son doux sourire !
Seigneur, préservez-moi, préservez ceux que j'aime,
Frères, parents, amis, et mes ennemis même
Dans le mal triomphants,
De jamais voir, Seigneur, l'été sans fleurs vermeilles,
La cage sans oiseaux, la ruche sans abeilles,
La maison sans enfants !

L'enfant n'est pas seulement la parure de la famille, il en est la richesse, la force et le salut. Pendant la Terreur, Mme de Custine est entourée par les tricoteuses qui viennent de voir condamner son mari et qui, mises en goût, voudraient avoir en plus la tête de la belle aristocrate. Une femme qui tient son enfant à côté d'elle, le lui met dans les bras et lui dit : Avec cet enfant vous êtes sauvée ! Elle fut sauvée. Appliquons cet épisode au sujet qui nous occupe et constatons la place décisive que tiennent les enfants dans la famille.

Avec un foyer dépeuplé ou presque vide, toutes les espérances et tout l'amour du père et de la mère reposent dans un seul berceau ou sur la tête de deux petits êtres éperdument choyés. L'oubli des lois de la nature a fait de ce foyer une demeure à peu près inoccupée, plus attristée que réjouie par quelque enfant chétif, fruit de l'égoïsme, destiné à tomber avant l'heure ou à se détériorer plus tard pour le tourment et la honte des parents qui en ont fait leur idole.

Cette tête si chère, *la maladie* la guette comme une proie, fond sur elle à l'improviste, la ravit et, dans ce berceau malheureux devenu tout à coup une tombe, elle ensevelit la fortune, l'avenir, le nom, le bonheur de la famille. Dans un calcul d'égoïsme on avait dit : Un, deux... et Dieu, dans sa justice, a répondu : Zéro ! Quand on devait semer la vie, on a fait œuvre de mort, et Dieu à son tour, maître de la santé et de la maladie, fait œuvre de mort et venge de la sorte sa Loi outragée.

Ou bien tout à coup survient *une guerre* impitoyable, monstrueuse, qui renverse par centaines de mille les défenseurs de la patrie. Parmi les nombreux rejetons des belles familles, elle en épargne au moins quelques-uns. Mais quand elle a tué le fils qu'on a voulu unique, que laisse-t-elle au foyer sinon le vide, sinon une cendre à jamais éteinte, et, auprès de cette cendre, des parents qui n'ont pas même pour se consoler le souvenir du devoir accompli ? Pauvres familles qui se donnaient l'illusion de se survivre dans un unique rejeton ! Elles seraient mortes un peu plus tard : la guerre a précipité leur ruine. La guerre a brisé la dernière pousse d'un arbre qui n'avait plus qu'une goutte de sève, et le tronc est desséché, et les passants, témoins d'un si grand malheur, racontent tout bas l'histoire *des familles qui meurent*. Laissons parler ici le vénéré Président honoraire de la Chambre de Commerce de Lyon, M. Isaac : « Le coup de foudre de la mobilisation générale, dit-il, est venu montrer ce que signifiait pour le Pays, c'est-à-dire pour tout le monde, cette chose dédaignée, la famille nombreuse, celle qui a plusieurs fils sous les drapeaux, qui en voit tomber un, deux, trois sans s'effondrer sous le coup, tandis que la disparition du fils unique plonge dans le plus profond chagrin des parents qui avaient mis en lui leurs plus douces, leurs plus légitimes espérances ! A Dieu ne plaise qu'il nous échappe aucune parole amère pour ces malheureuses victimes d'idées erronées, héritées d'une société trop légère. Nous les plaignons de tout notre cœur, et leurs sanglots n'éveillent en nous que des émotions sympathiques. Nous les convions seulement à nous aider maintenant à combattre les erreurs qui ont causé leur désespoir et à apporter l'argument d'une expérience chèrement payée aux discussions passionnantes que provoqueront toujours parmi les hommes le mystère de la vie et le secret de la mort. »

Que si l'enfant unique échappe à la maladie et à la guerre, il n'est pas rare que la griffe *du vice*, plus cruel que la mort, s'abatte lourdement sur sa tête. « Je ne veux pas que mes enfants soient malheureux », disent d'aveugles parents, et ils aboutissent fréquemment à l'inverse du but proposé. Enfant unique, enfant gâté, donc amolli, donc mal armé pour la vie. Car le poison de la mollesse détend tous les ressorts de l'activité et l'être qui n'est rien que par l'activité, se dissout peu à peu dans l'ignominie d'un lâche sommeil. « Le plus détestable service, écrit le cardinal Mercier, que les parents puissent rendre à leurs enfants, c'est de les exempter de la nécessité du travail, sans laquelle il n'y a ni âmes viriles ni peuples forts. Ne voyez-vous pas que, au lieu de faire leur éducation, c'est-à-dire de les obliger à tirer parti de toutes les ressources que la nature a déposées dans leur intelligence, dans leur volonté ou dans leurs bras, vous flattez leur vanité et leur inertie et qu'ainsi vous favorisez l'éclosion des pires instincts de la bête humaine ? » En effet, le mal vient de bonne heure rôder autour de la jeune idole qu'on adule et qu'on adore. Les passions s'emparent vite de l'adolescent qui ne sait que jouir. Le camarade éhonté, la courtisane avide exploitent à l'envi sa vanité, sa bourse et sa corruption. Il est sur le chemin de la perdition. Ni les avertissements, ni les pleurs, ni les menaces de ses infortunés parents ne le peuvent arrêter.

Parents deux fois infortunés ! Ils souffrent des enfants qu'ils n'ont pas, qui auraient dû voir le jour et qui, du fond pour ainsi dire du néant où ils ont été refoulés, crient vers leur conscience, comme un mystérieux et éternel remords. Et ils souffrent de leurs enfants eux-mêmes qui semblent leur adresser ce cruel reproche : « Si nous avions des frères et des sœurs, nous serions pour vous une vivante bénédiction, nous serions plus de cœurs pour vous aimer, et dans votre vieillesse plus de bras pour vous aider. » Ce père et cette mère se sont saignés aux quatre veines pour choyer l'unique héritier ou les deux maigres rejetons et pour « leur laisser quelque chose », et ils traînent maintenant leur triste fin de vie, pendant qu'on s'amuse à leurs dépens avec l'argent amassé et qu'on attend impatiemment leur patrimoine convoité. « Notre époque est affligée de deux monstruosités corrélatives, écrit un auteur, la seconde servant de châtiment à la première : des parents qui s'attristent à la naissance de leurs enfants et des enfants qui se réjouissent à la mort de leurs parents. » Quelquefois c'est à l'hôpital que vont finir leur misérable existence un père et une mère qui ont donné toutes leurs économies à l'enfant unique. Combien de vieux parents meurent de nos jours sur un lit d'hôpital, vraiment abandonnés par un fils ou une fille unique, qui seraient facilement et efficacement aidés par cinq ou six enfants se partageant le pieux devoir d'honorer et d'assister leurs dernières années ! Tout se paie. L'enfant est né de l'égoïsme et a été élevé dans l'égoïsme ; les parents sont punis par où ils ont péché.

***

Contemplons maintenant un spectacle tout différent. *Avec un foyer peuplé* de nombreux enfants, voyons apparaître la récompense immédiate sur le père et la mère et sur la postérité qui les environne.

Quand les enfants sont nombreux à la maison, ils reçoivent généralement *une éducation plus forte.* Faisant l'éloge funèbre du général Drouot, Lacordaire parle de ses parents plébéiens et pauvres, vivant honnêtement à Nancy du rude métier de la boulangerie : « Dieu, dit-il, leur avait donné douze enfants ; Antoine Drouot était le troisième des douze. Issu du peuple par des parents chrétiens, il vit de bonne heure dans la maison paternelle... l'ordre, la paix, le contentement, une bonté qui savait partager avec de plus pauvres, une foi qui en rapportant tout à Dieu élevait tout jusqu'à lui, la simplicité, la générosité, la noblesse de l'âme, et il apprit de la joie qu'il goûta lui-même, au sein d'une position estimée si vulgaire, que tout devient bon pour l'homme quand il demande sa vie au travail et sa grandeur à la religion... » La famille nombreuse a par elle-même une valeur éducatrice; elle est une école de discipline, de moralité et de travail.

Quand il n'y a qu'un enfant, l'idolâtrie est facile; quand les enfants sont nombreux, l'idolâtrie est impossible. Ayez un enfant, vous en serez l'esclave; ayez-en six, vous en serez le maître. La mère de six enfants ne peut pas céder à leurs caprices, parce qu'une certaine sévérité, une certaine austérité est alors nécessaire. Dans la famille nombreuse le respect n'est pas de surérogation, il s'impose par la force des choses, et le respect est à la base de toute éducation un tant soit peu sérieuse.

Dans la famille nombreuse les enfants sentent la nécessité de compter sur eux-mêmes et non sur un avenir tout fait et ils s'accoutument de bonne heure à l'effort constant qui est la grande loi de la vie. L'exemple de leurs parents, qui peinent durement pour les élever, leur apprend le sérieux de l'existence et leur fait accepter le goût, la pratique et l'habitude du sacrifice. Les filles, qui savent qu'elles seront moins riches que leur mère, se résignent à avoir plus d'ordre, d'économie et de vertu, et la médiocrité de la dot prépare de bonnes ménagères, et non de frivoles dissipatrices. Les fils auront moins de confortable que leur père. Tant mieux! Ils travailleront davantage et on les verra se partager sans embarras comme sans jalousie un patrimoine trop modeste pour exciter leur cupidité et qui suffira cependant à assurer leurs premiers pas dans la vie.

Et puis d'ordinaire plus la famille est nombreuse et plus les membres qui la composent sont *unis et heureux*. L'enfant unique a souvent envié la maison où l'on n'est pas seul. Les enfants nombreux ont une jeunesse gaie, épanouie, spontanément sociable, habituée aux sacrifices mutuels, aux contradictions, aux échanges d'idées et de sentiments qui assouplissent les caractères et fusionnent les âmes. Ils se rendent mille petits services qui les préparent heureusement aux frottements prochains de la vie civile. Les aînés deviennent les protecteurs vigilants des plus jeunes; ceux qui sont corporellement les plus forts facilitent l'ascension aux carrières libérales de ceux qui sont plus intelligents; tous sentent l'obligation de s'entr'aider, et, dans cette entr'aide même, les liens de l'affection mutuelle se resserrent, tandis que les parents contemplent avec fierté les premiers fruits de leurs durs labeurs et caressent l'espoir d'une vieillesse entourée d'honneur et de sécurité. Si c'est là de la poésie, c'est au moins de la poésie qui germe dans les faits et qui exprime des réalités. Et en présence de cette poésie vraie et vivante, combien paraissent plates et veules les plaisanteries faciles de ceux qui parlent avec ironie des familles nombreuses, de ceux qui n'ayant pas le courage de faire leur devoir, voudraient imposer leur lâcheté à l'opinion! Les déserteurs n'ont pas la parole. La parole appartient aux parents qui sont fidèles à la loi de Dieu et qui sauvent du même coup leur conscience et leur foyer.

Avec une famille nombreuse, sans doute, *la prospérité du foyer* n'est pas à l'abri de toutes les atteintes, mais elle n'est jamais complètement compromise. Si un enfant s'oublie, il est bien rare qu'un autre ne s'ingénie pas à rasséréner le cœur des parents. Il y a toute chance que parmi ces multiples rejetons il s'en trouve un ou deux plus vivants, plus verdoyants qui relèvent le niveau, le prestige, la réputation et l'honneur de la famille. Si la mort vient à passer, elle laisse, après les fleurs trop tôt moissonnées, d'autres fleurs qui embellissent et consolent le foyer. Et d'ailleurs ces enfants qui meurent jeunes et sont transplantés du berceau au Paradis ne veillent-ils pas de là-haut sur ceux qu'ils ont laissés ici-bas? Ozanam écrivant à son ami Lallier, qui pleurait la mort de sa fille, lui disait: « Ah! qui sait si son frère, qui vous sera conservé, n'aura pas bien besoin quelque jour, au milieu des périls de ce monde, d'avoir ce petit ange gardien qui intercède pour lui? J'ai vu bien des gens envier à une mère le bonheur d'avoir trois fils, demeurés fidèles à la foi catholique : c'est qu'elle avait au ciel onze autres enfants qui priaient pour eux. Pour moi, je crois fermement que si nous arrivons heureusement au terme suprême, nous le devrons beaucoup à nos petits frères et petites sœurs arrivés avant nous. Et c'est pourquoi je crois que ces jeunes élus portent bonheur aux familles où ils sont nés. »

Avec un foyer peuplé de nombreux habitants, les parents ont fort à faire, mais *leur tâche n'est pas sans compensation*. « La femme sera sauvée par la naissance de ses enfants », dit saint Paul. Que de fois ses enfants la sauvent de l'inconstance de son mari, en lui rappelant ses devoirs de père! Que de fois ses enfants la sauvent d'elle-même, de la frivolité, de l'oisiveté et des imprudences qui menacent la vie inoccupée! Que de fois ses enfants lui rappellent le sérieux de la vie et lui font sentir le besoin de Dieu! Avec de nombreux enfants, le père et la mère ont sans doute beaucoup plus de tracas, mais aussi beaucoup plus de mérite, de consolation et de vraie joie. Le sourire de l'enfant est comme le rayon de soleil de la maison, et plus il y a de sourires, plus la maison resplendit. Les berceaux sont le trésor des familles. « Voilà mes joyaux! » disait une noble Romaine en montrant ses enfants. Il y a dans le nombre, dans le mouvement et l'abondance de la vie, une douceur qui allège tous les fardeaux, une fierté qui dissipe toutes les tristesses, un gage d'avenir qui chasse toutes les appréhensions.

Gloire aux nombreuses familles! Dieu les aime particulièrement. Il tient en réserve pour elles ses meilleures bénédictions. Même ceux qui ne sont pas assez croyants pour s'en rapporter au vieil adage : « Dieu bénit les nombreuses familles », sont obligés d'admettre rationnellement qu'une famille nombreuse est forcément, et sauf exceptions, un milieu où les intelligences se développent, où les énergies se tendent, où les forces s'entr'aident et se multiplient et où, par conséquent, les résultats favorables s'obtiennent plus facilement qu'ailleurs. « Il se peut, dit M. Isaac, que vous rencontriez des parents dont l'infortune est attribuée à leur trop abondante progéniture, mais vous en trouverez beaucoup plus dont le malheur, le vrai malheur, le malheur intime, s'explique par leur peur des enfants et toutes les conséquences matérielles et morales de ce manque de courage. »

Gloire aux nombreuses familles! Il y a là non seulement des êtres pour peupler le ciel, mais encore des habitants pour emplir et charmer la maison, des citoyens pour rehausser la Société, des soldats pour servir le pays, des pionniers pour prendre possession du monde.

CHAPITRE II

Le Fléau de la Dépopulation
Ses conséquences

2° Au point de vue national.

II

Le Fléau de la Dépopulation
Ses conséquences

2° Au point de vue national.

A l'heure où nous sommes, nous avons non seulement le droit mais le devoir de scruter, à la lueur d'un langage sévère, ce que Lacordaire appelle « les choses ensevelies le plus loin dans les entrailles de l'humanité ». Et précisément parce qu'il prend sa source aux dernières profondeurs de l'humanité, le fléau de la dépopulation est peut-être de toutes nos calamités celle qui doit provoquer les remords les plus cuisants pour le passé, les constatations les plus douloureuses pour le présent, les préoccupations les plus graves et les résolutions les plus viriles pour l'avenir. Le fléau de la dépopulation tue la Famille. Il tue la Nation dans sa prospérité au dedans et dans son rayonnement au dehors. Étudions aujourd'hui ses ravages *à l'intérieur* de notre pays.

Constatons d'abord *le fléchissement de la natalité* dans notre pays. « Ce qui est inquiétant, écrit M. Gide, ce n'est pas d'être un petit peuple, c'est d'être un peuple qui diminue. » Or, nous en sommes là. Depuis cent ans nous ne cessons de descendre.

En 1886, parut à Genève, sous le titre *Au Pays de la Revanche*, un livre du docteur Rommel, allemand, qui disait : « L'huile commence à manquer dans la lampe de la France. Le moment approche où les cinq fils pauvres de la famille allemande viendront à bout du fils unique de la nation française. »

En 1890, l'Anglais sir Charles Dilke annonçait que « la France auprès des Anglais, des Américains et des Russes de l'avenir, aurait la taille des pygmées ». Et vers la même époque, le président des États-Unis, Roosevelt, disait de la France : « Cette noble nation se suicide. »

En 1904, le journal *Le Tayo*, au Japon, écrivait à propos de la France : « On peut lui envier son raffinement, ses beaux-arts et sa richesse, mais son énergie vitale est épuisée. Sa population diminue de jour en jour et il n'est pas déraisonnable de croire qu'elle disparaîtra du nombre des nations vers la fin de ce siècle. »

En ces dernières années, on comparait la France à « un îlot de sucre qui fond », et à l'étranger comme chez nous on parlait couramment de « la France qui meurt ».

Mais ce ne sont là que des affirmations et des comparaisons. Donnons quelques chiffres. Ils sont terrifiants. En 1870, la France et l'Allemagne comptaient chacune 36 millions d'habitants. En 1914, la France en a 39 millions et l'Allemagne 65 millions. L'une a gagné 3 millions et l'autre 25 millions de nationaux. En 44 ans, l'Allemagne a ajouté à sa race plus du tiers, la France pas un dixième. En 44 ans, la France n'a pas même conquis par ses naissances ce que lui avait enlevé la capture de ses deux provinces, soit 3 millions et demi. L'Allemagne a par ses naissances gagné six Alsace-Lorraine.

Il y a cinq ans, en 1912, dans 30 départements les décès l'emportaient sur les naissances. Aux approches de la guerre, sur cent familles françaises, il n'y en avait que 23 à compter plus de 2 enfants, 8 à en posséder plus de 4, 3 seulement à en compter plus de 6. La France commençait à ne plus connaître que la petite, la très petite famille, et les berceaux tendaient à devenir moins nombreux que les cercueils. En 1859, nous avions encore 1.017.000 naissances; en 1911, nous n'en avions plus que 742.000. Nous devenons de plus en plus le pays des berceaux vides, la ruche se dépeuple, ou du moins elle n'augmente plus. Les familles nombreuses, autrefois si communes, deviennent de plus en plus rares.

Parcourez en particulier nos populations agricoles, qui sont les réserves suprêmes de la patrie, étudiez les recensements successifs de nos villages, et partout vous constaterez que les familles nombreuses sont la toute petite exception, que le vide se fait, que les champs sont délaissés. Les paysans viennent à la ville, dit-on. Tant pis! c'est une émigration, mais ce n'est pas un progrès; c'est un déplacement, ce n'est pas une augmentation. Que dis-je? En tombant dans les agglomérations urbaines, dans les taudis de la cité, le paysan y perd très vite la pureté du sang, la vigueur de la santé, et il en arrive bientôt à ne procréer que quelques êtres chétifs, anémiés, qui sont comme les dernières gouttes d'un fleuve de vie qui s'épuise et disparaît.

Notre race française s'arrête, diminue, s'affaisse au dedans, et si nous gardons encore nos 38 ou 40 millions d'habitants, nous le devons aux étrangers qui nous envoient leur trop-plein et qui déjà sont chez nous des millions. Le nombre d'étrangers résidant en France a plus que doublé en cinquante ans. Au recensement de 1911, il atteignait 1.330.000, soit un étranger pour 32 Français. A Paris, avant la guerre, on comptait 504.000 étrangers, dont 103.000 Allemands, tandis que 1.200 Français résidaient à Berlin. Dans le département de la Seine, il y avait un étranger pour 19 Français. Danger terrible que cette infiltration croissante d'un élément étranger! C'était en pleine paix l'invasion de notre commerce, de notre industrie, de nos chantiers, de nos exploitations agricoles. L'Allemagne, pour nous vaincre, n'aurait pas même eu besoin de nous faire la guerre. Par la seule poussée de sa population, elle devenait maîtresse chez nous, et un jour, sans nous en apercevoir presque, nous étions menacés de nous réveiller Allemands. Voilà des témoignages et des chiffres qui suffisent amplement à nous faire toucher du doigt le fléchissement de la natalité sur la terre de France.

Il faut maintenant regarder de près ce phénomène et en étudier les conséquences à l'intérieur même du pays Le fléchissement de la natalité amène *le fléchissement de la richesse.* Parmi les différentes valeurs qui constituent la richesse d'un pays, il n'en est pas de comparable au capital humain. Il y a trois facteurs de la production : la terre, le capital et l'homme ; mais le plus important des trois est l'homme. Le travail de l'homme est un capital, et restreindre le nombre des producteurs, c'est diminuer le capital. Voici deux familles riches à fortunes absolument égales. La première n'a qu'un fils et la seconde en a six. Assurément le fils unique de la première sera plus riche que les six fils de la seconde. Mais ce fils unique sera avant tout consommateur, tandis que les six autres seront producteurs, apportant au patrimoine commun la part de leur effort et augmentant par conséquent la richesse publique. En somme, c'est l'homme qui crée la richesse. Sans le travail, le capital est stérile. Sans enfants, le sol le plus riche et l'intelligence la plus vive ne servent de rien. Le défaut de natalité restreint la puissance productrice.

Le défaut de natalité expose à des crises de superproduction. Moins les consommateurs sont nombreux et plus difficile est l'écoulement des marchandises, plus se trouve gênée l'élasticité de notre marché intérieur. Si la France, au lieu de 40 millions d'habitants, en avait 65 millions, les Méridionaux ne seraient pas embarrassés de leurs vins ; il y aurait 25 millions de gosiers de plus pour les absorber. Les fabricants de vêtements auraient 25 millions de clients de plus à équiper. Les entrepreneurs de bâtiments auraient à bâtir pour loger ces 25 millions 50 villes telles que Lyon ou Marseille. Le défaut de natalité appauvrit donc deux fois la nation, d'abord dans sa force de production et ensuite dans sa puissance de consommation.

Je sais bien qu'une certaine science économique a prétendu que la pullulation indéfinie de l'espèce humaine était un danger et que, si les consommateurs devenaient trop nombreux, ils étaient menacés de manquer d'espace et de subsistance sur le globe terrestre encombré et épuisé. O aveuglement ! Le danger qui nous menace, ce n'est pas l'excès de population, mais l'excès de production. Les prix baissent partout, tous les marchés du monde sont surchargés de produits, les consommateurs manquent aux subsistances, et en même temps que le globe s'élargit en quelque sorte, les hommes manquent aux terres qui appellent des colons. Et ceci qui était vrai avant la guerre, le sera beaucoup plus encore après la guerre. Dieu a dit : Croissez, multipliez-vous et remplissez la terre ! La science a prétendu que la parole divine était dans son tort et elle a dit : C'est assez, c'est trop, ne multipliez plus ! Encore une fois la fausse science s'est trompée et Dieu a raison.

Voici cependant une autre objection qui a cours non plus dans les milieux soi-disant scientifiques, mais dans les milieux du syndicalisme révolutionnaire. On préconise cette idée simpliste que restreindre les naissances, c'est améliorer le sort de la classe ouvrière : famille moins nombreuse à nourrir et salaire haussé par suite de la diminution des bras. Moins il y a de bras pour travailler, dit-on, et plus les salaires doivent monter. Encore une erreur et une erreur évidente. En effet, quand la main-d'œuvre nationale manque partout, qu'arrive-t-il? On fait appel à l'étranger. C'est ainsi que dans l'arrondissement de Briey, sur une population de

120 000 habitants, on comptait 64.000 étrangers, venus de 19 nations, surtout de l'Italie. Même constatation dans le bassin houiller du Nord. Et comme tous ces exotiques se contentent d'un salaire plus modique que celui de nos ouvriers indigènes, il se trouve que l'abaissement de la natalité entraîne fatalement l'abaissement des salaires et détériore la situation des prolétaires français au lieu de l'améliorer.

***

Arrêtons-nous un instant devant l'aspect agricole de la question, et constatons que le fléchissement de la natalité amène *le fléchissement de l'agriculture.*

Qu'avons-nous vu hier avant la guerre dans nos campagnes, à peu près partout? Presque tous les cultivateurs de France se plaignaient de ne pas trouver de domestiques de ferme en nombre suffisant, ou de les payer si cher, pour un travail si médiocre, qu'il était préférable de n'en point avoir. Les seuls qui avaient abondance de bras étaient les pères de familles nombreuses. Mais combien rares ces familles! Partout la peur de l'enfant, même là où l'enfant est d'un secours immédiat et s'élève presque sans dépense.

Dans son beau livre intitulé *Preux d'Armor*, publié en 1912, l'admirable colonel de Malleray, tombé devant Verdun en 1916, nous raconte les grandes manœuvres de l'armée française en l'année 1900 et l'impression de tristesse qu'il ressentit à son arrivée en Beauce. « Là-bas en Bretagne, écrit-il, dès que la troupe arrive, une poussée de marmots joufflus et barbouillés jaillit de toutes parts... c'est la vie. Ici c'est la mort. A peine chaque ménage élève-t-il un enfant. Plus d'un couple vit solitaire... la grande plaine est déserte... rien que des enfants uniques. A une riche fermière qui refusait un lit aux capitaines du bataillon, comme on représentait que ces quatre pères de famille élevaient à eux seuls 23 enfants : « Ça les regarde, répondit en ricanant cette femme flanquée d'une fille unique, sèche, laide, niaise... ils travaillent pour la patrie. » Et l'écrivain militaire conclut mélancoliquement par cette réflexion : « Triste spectacle que celui d'une nation frappée de stérilité volontaire! » Ce spectacle est particulièrement apparent dans les vastes campagnes. On y a la sensation du vide. On y touche du doigt les ravages de la dépopulation.

Et que voyons-nous aujourd'hui, pendant la guerre, ici et là au milieu de nos campagnes? Le laboureur étant devenu soldat, les femmes, les enfants, les vieux, ceux que l'âge ou les infirmités laissaient au foyer, ont pris vaillamment leur part de la tâche que remplissait hier le mari, le père, le fils parti à l'armée. Là, dans telle ferme, le père est allé se battre avec un fils, avec deux fils. Mais la famille était nombreuse, il y avait sept enfants. Il en reste cinq, filles et garçons, de dix à dix-huit ans, et tout ce monde travaille un peu plus seulement qu'à l'ordinaire. Les labours sont faits à leur heure; les bestiaux sont soignés comme il convient; les récoltes sont bonnes et se vendent à un prix très élevé. La ferme prospère même pendant la guerre. C'est la famille nombreuse qui la sauve. En face, au contraire, dans telle autre ferme, le père de famille est parti, son fils unique aussi, et il ne reste qu'une fille avec la mère. Elles ne peuvent suffire à la besogne. Les aides de culture, domestiques ou journaliers, sont introuvables. La fermière cependant finit par en trouver, mais lesquels et à quel prix ! Le maître avait peine souvent à se faire écouter ; la fermière n'a aucune autorité. Les labours ne sont pas faits ou le sont mal; les récoltes sont mauvaises ; tout va à la dérive ; la fermière perd courage ; les terres tombent en friche ; la ferme est perdue parce que la famille nombreuse n'était pas là pour la sauver.

Et demain, après la guerre, que verrons-nous dans nos campagnes ? Voici la bonne terre de France qui attend et réclame les sueurs de l'homme. « Qui la cultivera? écrit M. René Bazin. Où trouver les charretiers, les chefs de granges, les bergers, les moissonneurs, les betteraviers ? Je suis amené à prononcer le nom d'un fléau pire que la guerre, la dépopulation systématique. Voyez cette angoisse : la ferme est rebâtie, mais les hommes manquent. Ceux qui reviennent de la guerre ne sont plus assez nombreux. C'est un mal très ancien, subitement aggravé. Après la guerre, il y aura un désir universel de revivre, et la terre aussi voudra revivre, mais son peuple sera mort, ou bien il ne sera pas né, ou bien il aura trahi sa fonction. Comment sortir de ce grand péril, où des années d'abandon et d'erreur nous ont jetés ? »

Au seul point de vue de la vie intérieure de la France, le fléchissement de la natalité amène *un fléchissement de la prospérité générale.*

M. Isaac, président honoraire de la Chambre de commerce de Lyon, disait l'année dernière dans un Congrès : « Sur quoi reposent les travaux de la paix? Avec quoi fait-on de l'agriculture, du commerce, de l'industrie, de la science, des arts. Avec de l'argent sans doute, avec de la science, de l'intelligence, du savoir-faire. Mais allez plus loin, d'où cela sort-il, si ce n'est du cerveau et du bras des hommes? Il nous faut donc beaucoup de cerveaux et beaucoup de bras. Conquérir les marchés étrangers, supplanter le commerçant, le commis-voyageur allemand, c'est un beau programme... Mais a-t-on réfléchi à la différence des effectifs dans cette lutte pacifique? Qu'il s'agisse du champ de bataille, qu'il s'agisse de concurrence commerciale ou scientifique, le succès appartiendra aux plus gros bataillons. » On ne saurait mieux dire. Et voici, pour corroborer ces déclarations, un fait navrant : la France qui était il y a quarante ans la nation la plus riche, se voit maintenant de beaucoup distancée par les autres nations dans la mesure où leur population a augmenté et dans la mesure où la nôtre a diminué. On dit quelquefois : Beaucoup d'enfants, c'est la misère! Il faut dire au contraire : Beaucoup d'hommes, c'est la richesse!

Et quand la prospérité générale grandit, elle se répercute et se déverse sur tous et chacun. Prenons l'Allemagne. Elle avait, en 1880, une population de 45 millions d'habitants et son émigration annuelle était de 200.000 âmes. Trente ans après, en 1910, pour une population de 65 millions d'habitants, son émigration annuelle ne comptait plus que 20 à 25.000 âmes. C'est donc que la classe ouvrière a trouvé à s'employer avantageusement dans la mère patrie, sans avoir besoin de s'expatrier. C'est donc que loin d'engendrer la misère, l'accroissement de la population de l'Allemagne n'a fait qu'accroître sa prospérité. C'est donc que Bossuet a dit vrai quand il a écrit : « Les vraies richesses d'un État sont les hommes. » C'est donc qu'un économiste rationaliste, Adam Smith, a eu raison d'écrire, lui aussi, il y a cent cinquante ans : « La marque la plus décisive de la prospérité d'un pays est l'augmentation du nombre de ses habitants. » Or, quand il y a prospérité dans un pays, tout le monde en profite, et de l'arrêt de cette prospérité tout le monde souffre aussi. Voilà le fait et voilà la justice. Tout se paie. Dieu a dit : « Croissez, multipliez et remplissez la terre. » Lui obéir, c'est la bénédiction et la vie. Lui désobéir, c'est la décadence et la mort pour la famille et pour la patrie. La dépopulation est un fléau mortel au point de vue familial et au point de vue national.

Sur le grave sujet de la Dépopulation ne nous lassons pas de citer les témoignages qui viennent de haut et qui s'imposent à l'attention des plus distraits et des moins clairvoyants. M. Isaac, président honoraire de la Chambre de Commerce de Lyon, disait dans un récent Congrès : « Nous affirmons que la seule famille nombreuse sauvera la France. C'est la famille réduite, la famille à fils unique, qui l'a mise à deux doigts de sa perte. C'est la famille agrandie, celle des courageux et non plus des timides, celle de la confiance et non plus du calcul, celle de l'éducation virile et non plus des petits soins efféminés, celle des ambitions légitimes et non pas des prudences routinières, celle des risques réfléchis et non pas de la chasse aux fonctions bureaucratiques, avec une humiliante retraite à soixante ans, celle de la vie pleine sinon intense, celle de l'activité féconde et joyeuse que nous proclamons comme la condition nécessaire de la reconstitution de ce pays. J'irai plus loin encore, je dirai indispensable. Il le faut ! Pourquoi ? Parce que l'ennemi nous y oblige. Regardez de l'autre côté de la tranchée. Cinq fils de la famille allemande guettent un ou deux fils de la famille française. L'ennemi nous a imposé ses méthodes, sa grosse artillerie. Que nous le voulions ou ne le voulions pas, il nous impose l'obligation d'avoir des fils. Sinon, disparaissons, cédons-lui la place, non seulement sur les champs de bataille, mais sur tous les autres champs de l'activité humaine ! » En effet, le fléau de la dépopulation tue la nation dans sa prospérité au dedans, nous l'avons vu, et aussi dans son rayonnement au dehors, nous allons le voir. A *l'extérieur*, la dépopulation paralyse en même temps l'extension et la défense nationale.

Parlons d'abord de *l'expansion nationale* au dehors, à l'étranger, dans le monde entier. On dit qu'il est des races qui croissent et qu'il en est d'autres qui décroissent ou tout au moins qui restent stationnaires, et dans le langage navrant des chiffres et des faits on ajoute que la race qui décroît c'est la nôtre, la France.

Il est certain que l'empire du monde appartient aux peuples prolifiques, aux peuples à familles nombreuses. Ils ont dans leur sang généreux de quoi devenir les maîtres de l'avenir. Si le pays où ils vivent est trop étroit pour eux, on les voit prendre leur vol vers d'autres contrées et partout s'emparer des places libres. Voici la race slave, la Russie. Elle tient presque la moitié de l'Europe et elle s'avance en Asie jusqu'au plateau de Pamir, à Samarkande.

Voici la race anglo-saxonne, l'Angleterre. Son empire colonial compte comme sujets ou comme protégés 340 millions d'habitants. Elle jette dans la balance mondiale la supériorité de son émigration, de son industrie, de son commerce, de sa marine, de ses réseaux télégraphiques, de ses chemins de fer qui enserrent pour ainsi dire le globe. Elle joint à cela la diffusion sur tous les points du monde de sa langue nationale. Et ses émigrants ne sont pas seulement nombreux, ils sont armés pour la lutte, ils sont riches, ils sont cultivés, ils sont entreprenants.

Voici la race américaine, fille de la Grande-Bretagne. On dirait une vaste ruche, dont les essaims bourdonnent au loin, et où les villes, les hommes, l'argent, tout se décuple à la fois en moins de dix ans.

Voici enfin la race allemande. Son flot grossissant inquiète l'Europe. Son industrie et son commerce inquiètent l'Angleterre elle-même. Les Allemands sont devenus une puissance avec laquelle on est obligé de compter aux États-Unis, où ils affluent au nombre de 15 à 20 millions. Il y en a plus de 300.000 à New-York contre 10.000 Français. Ajoutez à cela qu'ils envahissent de même l'Amérique du Sud, l'Argentine, par exemple, et surtout le Brésil qui en abrite plus de 500.000.

Et nous, France, pendant ce temps-là, où en sommes-nous? Nous sommes distancés par la Russie, 135 millions; par les États-Unis, 92 millions; par l'Allemagne, 67 millions; par le Japon, 53 millions; par l'Autriche, 50 millions; par l'Angleterre, 46 millions. Chaque fois qu'il naît en France 2 enfants, il en naît 5 en Allemagne, 4 en Autriche et au Japon, 3 en Italie. Notre population a cessé de croître; si peu que ce soit, elle commence à décroître. Et par conséquent notre rayonnement à l'extérieur n'augmente plus et commence à décliner.

Un peuple rayonne au dehors par son industrie et son commerce. Or le défaut de natalité empêche d'essaimer à la surface du globe et d'y multiplier les foyers d'influence et de propagande industrielle et commerciale. Avec sa population numériquement inférieure, la France est serrée et comme étouffée par les peuples rivaux qui, la laissant en arrière, se disputent entre eux le marché du monde. En 1874 la France était encore la seconde puissance commerciale; elle n'était dépassée que par l'Angleterre et laissait derrière elle l'Allemagne et les États-Unis. En 1913, à la veille de la guerre, elle se trouvait rejetée au quatrième rang. Tandis que ses rivales ont triplé et presque quadruplé le chiffre de leurs échanges, c'est à peine si la France est parvenue à doubler le sien. Et tous les économistes sérieux déclarent que le ralentissement dans l'essor économique de la France est lié au ralentissement de la population.

Un peuple rayonne au dehors par sa colonisation. Hélas ! dans le vaste effort que fait l'Europe pour pénétrer le reste du globe, y planter ses colonies et les façonner à son image, ce n'est pas nous qui marchons à grands pas. Nous avons sans doute des colonies, mais presque pas de colons pour représenter, continuer et agrandir la mère-patrie. C'est faute de Français en nombre suffisant que le commerce de l'Indo-Chine est en grande partie aux mains des Anglais et des Allemands. C'est par manque de colons français que notre Tunisie se peuple d'Italiens et que notre Algérie même est envahie. En Tunisie, sur 1.800.000 habitants on compte 94.486 étrangers et seulement 34.610 Français. En Algérie, sur une population de 5.231.850 habitants on ne rencontre que 278.976 Français. Ces chiffres sont empruntés à l'Atlas Schrader, édition 1911. Conquise par notre épée et ombragée par notre drapeau depuis bientôt un siècle, située sous notre main au bord de cette Méditerranée qu'on pourrait appeler un lac français, l'Algérie devrait être occupée et travaillée par des Français. Mais comment la France pourrait-elle envoyer au dehors de nombreux enfants, quand au dedans elle est devenue le pays des berceaux vides ? Dépeuplée à l'intérieur, la ruche est incapable d'essaimer à l'étranger.

Donnons encore une indication qui doit faire réfléchir tous les patriotes un peu avisés. Un peuple rayonne au dehors par sa langue. La diffusion d'une langue manifeste la vitalité extérieure d'un peuple. Or notre belle langue française n'est pas la plus répandue, la plus parlée. Il y a cent trente ans, un quart de l'Europe parlait français ; maintenant un dixième seulement. Dans le monde, 150 millions d'hommes parlent anglais, plus de 100 millions parlent allemand, 50 millions seulement parlent français. Ajoutez à cela que notre langue est menacée de perdre sa situation privilégiée dans les relations internationales. Elle est menacée par l'anglais et par l'allemand. Au Congrès de La Haye, l'usage du français a été amèrement contesté. L'abandon par la France de notre protectorat sur les catholiques d'Orient précipiterait encore le recul de notre langue nationale. Tout cela est peu rassurant. Tout cela jette dans l'âme une mélancolie, une tristesse profonde.

Nous voulons le rayonnement de notre langue, un commerce d'exportation prospère, une mise en valeur intensive de notre admirable domaine colonial. Tous ces désirs sont légitimes ; mais pour les réaliser, le relèvement de la natalité française est nécessaire ; notre défaut de natalité rend impossible l'expansion de notre langue, de nos colonies, de notre commerce et de notre industrie. Abritée derrière ses frontières, la France peut-elle même se défendre facilement contre les ambitions et les incursions de l'ennemi ? Question angoissante qui s'impose à notre patriotisme.

***

Étudions donc le fléau de la dépopulation au point de vue de *la défense nationale*. Il faut à notre pays assez de bras pour prendre l'épée, pour la porter droite et fière, pour en frapper l'agresseur.

Or nous avons 40 millions d'habitants et l'Allemagne en a 65 millions. L'Allemagne a maintenant 2 millions de naissances par an et la France en a à peine 750.000. Un prisonnier français écrit d'Allemagne à *Excelsior* : « Notre camp est gardé par sept hommes du landsturm qui, à eux sept, ont 63 enfants, tandis que les sept hommes mariés qui sont dans la même baraque que moi, n'en ont à eux tous que quatre. » L'arme la plus puissante de l'Allemagne, c'est sa natalité. Nous luttons actuellement avec un courage admirable... mais le courage peut-il toujours remplacer le nombre ? Si les familles françaises depuis cinquante ans avaient fait leur devoir, nous aurions un million d'hommes de plus à mettre en première ligne. En 1872, l'Allemagne avait 330.000 conscrits et nous en avions encore 300.000. Quarante ans plus tard, en 1912, l'Allemagne en comptait 560.000 et la France 283.000 seulement. Il y a quarante ans nous étions à égalité ; nous sommes maintenant 1 contre 2. Grâce à leur natalité croissante, les Allemands gagnent tous les trois ans l'équivalent d'une Alsace-Lorraine.

Leur orgueil méprisant et provocateur n'a pas manqué de nous en faire la remarque. Le vieux maréchal *de Moltke* disait : « Les Français perdent tous les jours une bataille. » C'est mathématiquement vrai, puisque chaque jour l'Allemagne gagne 1.700 habitants de plus que la France. Nous avons déjà cité le mot du docteur allemand *Rommel* écrivant vers 1880 dans son livre *Au Pays de la Revanche* : « Le moment approche où les cinq fils pauvres de la famille allemande viendront facilement à bout du fils unique de la famille française. »

Et il concluait que bientôt nos rares petits-fils apprendraient la langue de Schiller sous la férule d'un maître d'école germanique. Ils y comptaient bien et dans leurs journaux et leurs discours ils réglaient à l'avance le dépècement de notre pays au profit de la plus grande Allemagne. La *Revue* du 1er novembre 1912 ne citait-elle pas ce mot de la pangermaniste *Post* à propos de notre dépopulation croissante : « Nul besoin de nous presser, c'est le commencement de la fin. » Le 31 mai 1912 le journal allemand *Lokal Anzeiger* écrivait : « L'Allemagne depuis 1870, où elle avait une population égale à la France, a déjà sur ce pays une avance d'environ un tiers. La nation française est au bout de sa puissance et de sa capacité guerrière, tandis que la dernière loi militaire allemande est encore loin d'avoir épuisé les dernières réserves de notre force. » Notons enfin, d'après le journal français *Pour la vie* de décembre 1915, ces paroles textuelles dites à un de nos compatriotes, haut fonctionnaire, par le général Bucholz, gouverneur de la place de Glatz, ancien ami de Bismarck et *persona grata* auprès du Kaiser : « Nous ne pouvons désirer actuellement (c'était en 1883) aucune guerre avec vous. Suivez bien mon raisonnement. On n'a d'intérêt à faire une guerre que lorsqu'on possède sur l'adversaire une supériorité qui doit rendre la victoire certaine. Or, en comparant nos forces militaires respectives, il est facile de se rendre compte que nous avons actuellement des officiers et un armement de valeur égale, et aussi des effectifs à peu près égaux. Mais, si vous consultez vos tables de natalité et les nôtres, vous apprécierez, en admettant que dans vingt ans nos armements et nos officiers soient encore d'égale valeur, qu'il y aura tout au moins un élément de combat que nous posséderons et que vous n'aurez pas, c'est le nombre. A cette époque, notre armée possédera forcément des effectifs presque doubles des vôtres. Donc, à moins que d'ici là vous ne nous attaquiez les premiers, vous n'avez rien à redouter pendant vingt ans, mais après, craignez ! »

Voilà l'explication des événements tragiques qui ensanglantent le monde. La dépopulation de la France est l'une des causes, la première peut-être, de la guerre que nous a faite l'Allemagne. Si les générations qui ont aujourd'hui de 20 à 35 ans représentaient un effectif double ou triple de travailleurs et de soldats, si la natalité française n'avait pas subi une diminution anormale et humiliante, il est à peu près certain que la France n'aurait pas été provoquée par l'ennemi comme elle l'a été et que l'Allemagne ne nous aurait pas déclaré la guerre. Quelques-uns font un reproche à Dieu d'avoir déchaîné la guerre. Ils ne savent pas ce qu'ils disent. Non, Dieu n'a pas voulu la guerre, il n'a pas voulu les causes qui ont déchaîné ce grand mal, il a voulu et ordonné tout le contraire. Mais les hommes, usant mal de leur liberté, ont déterminé peu à peu, logiquement, fatalement l'explosion des forces désorganisatrices qui ont mis les peuples à feu et à sang. L'Allemagne a vu en face d'elle une France inégale en population et, dans son criminel orgueil, elle a cru que l'heure était venue de profiter de notre criminelle insuffisance de natalité. Les Français, qui réduisaient le nombre de leurs enfants à 3 en 1850, à 2 en 1875, à un seul vers la fin du siècle, ne se doutaient pas sans doute qu'ils en feraient tuer des centaines de mille en 1914, 1915, 1916, 1917. C'est pourtant la vérité. Et si, Dieu le permettant, la guerre n'avait eu lieu que dix ans plus tard, l'Allemagne aurait eu 80 millions d'habitants, la France 38 ; nous étions finis comme pays ; la France n'était plus qu'un satellite du germanisme.

Attention ! Quand, chez un peuple, les berceaux sont vides, c'est l'heure des barbares et de leurs inévitables invasions. Que si ce peuple de natalité inférieure veut cependant se défendre, vivre et vaincre, il doit, de deux choses l'une : ou s'astreindre à un service militaire prolongé, ou faire appel à des soldats exotiques et mercenaires. La France s'est condamnée à cette double extrémité. Possédant peu d'hommes et ayant besoin de beaucoup de soldats, il faut qu'elle demande à ses habitants de longues années de service, et l'impôt du sang pèse sur la population en Allemagne dans une proportion de 35 o/o, en France de 75 o/o. Et puis, pour remédier aux lacunes de sa puissance militaire, la France incorpore dans ses armées nationales des étrangers : Algériens, Tunisiens, Marocains, Sénégalais, Annamites, etc... Elle en a le droit et elle fait bien d'user de ce droit. Mais tout de même, si elle pouvait à elle seule et avec ses propres enfants défendre ses frontières et venger son honneur, ne serait-ce pas meilleur et plus sûr ?

Concluons. Le fléau de la dépopulation nous a mis à deux doigts de la défaite et de l'écrasement irrémédiable. Le fils unique de la famille française a rencontré devant lui les quatre fils de la famille allemande. « On avait beau en abattre, a écrit un de nos soldats, il en revenait toujours ! » Certes vis-à-vis du Boche, ennemi du dehors, l'attitude des Français a été héroïque ; pour sauver le pays, ils ont donné leur *sang* à flots. Mais vis-à-vis de l'ennemi du dedans, qui est la dépopulation, quelle doit être l'attitude des Français? Elle ne saurait être lâche. Ils ont le devoir encore de donner leur *sang*, de le transmettre à des enfants dont leur pays a besoin. Des deux côtés, le devoir est le même. Il faut des fils à la patrie ! non plus des fils uniques, comme c'était la triste mode hier, mais des fils nombreux qui seront sa parure, son espérance, et un jour sa joie, sa force, sa sécurité. Car, comme écrit M. Étienne Lamy : « les maux de la guerre ne sont-ils pas plus durs aux Français que ne leur eût été l'éducation d'enfants assez nombreux pour écarter la guerre? » Pour finir cet inépuisable sujet, citons les belles paroles de Mgr Tissier, évêque de Châlons : « En comptant les tombes au bord des chemins, les pères et les mères, les fiancés et les fiancées se diront sans hésiter qu'il y faut, si l'on veut revivre, la compensation des berceaux, faisant peut-être cette réflexion tardive mais suggestive, qu'il y a moins pourtant encore de vies enfouies par les combats sous la glèbe que de natalités perdues depuis quarante ans, et que, si les lois de la famille n'avaient pas été violées, la France, si riche de sang qu'elle verse héroïquement aux batailles, aurait eu assez de fils debout sur ses sillons pour éviter la guerre. Ainsi l'idée de famille peut renaître de la fécondité même des cimetières. »

CHAPITRE III

Le Fléau de la Dépopulation
Ses conséquences

3° Au point de vue catholique.

III

Le Fléau de la Dépopulation
Ses conséquences

3° Au point de vue catholique.

Dans une réunion des Directeurs des Bulletins paroissiaux, tenue le 11 juillet 1916 au Palais-Royal, l'éminent curé de Saint-Honoré-d'Eylau, M. Soulange-Bodin, disait : « Le mal de la France ! ce n'est pas la guerre. Jamais la France n'a été si belle ! Ce ne sont pas les finances. Jamais notre crédit n'a été si élevé ! Ce n'est pas l'industrie ni les arts. Jamais on n'a tant copié nos modèles ! Le mal de la France, c'est le manque d'enfants ! Et ce mal est le plus grand de tous les maux : c'est la mort d'une nation, c'est le suicide d'une race ! Sans enfants, le sol le plus fertile tombe en friche. Sans enfants, la fortune la plus belle restera sans emploi, l'industrie la plus prospère sans utilité. Sans enfants, la nation la plus courageuse sera vaincue d'avance !

« Sera-t-il dit que nous aurons combattu pour rien ? Pour rien, tant d'héroïques efforts ? Pour rien, tant de sacrifices ? Pour rien, tant de vies fauchées ? Cela sera pourtant, si le peuple français continue à être un peuple stérile. Car il faut avoir le courage de le penser et de le dire : Sans enfants, inutile la guerre ! inutile la victoire même ! Sans enfants, tout n'est plus pour la France que leurre, vanité et déception : les efforts d'aujourd'hui, comme les espérances de demain ! » Au seul point de vue national et patriotique, la dépopulation est le plus déplorable fléau.

Montons maintenant plus haut et méditons ce qu'écrivait, le 17 décembre 1913, M. Paul Leroy-Beaulieu, de l'Institut : « On parle sans cesse de l'affaiblissement si regrettable des croyances religieuses en France, et c'est certainement là une des causes de l'affaissement de la natalité française au misérable niveau des dernières années. Ces nobles croyances, cependant, sont encore vivaces dans une grande partie, la majorité peut-être, de la population ; mais beaucoup de fidèles ont perdu la notion de leurs devoirs dans le mariage. Si le clergé agissait avec ensemble et persévérance pour les leur rappeler, je ne doute pas, quant à moi, qu'il n'arrivât à modifier heureusement la mentalité française en ce domaine si important et si délicat. » Si tel est le langage d'un laïque, un évêque évidemment a le droit et le devoir de parler avec la même franchise et la même fermeté. Allons donc jusqu'au bout de notre sujet et exposons aujourd'hui les tristes conséquences de la dépopulation, spécialement au point de vue religieux et catholique.

Le fléau de la dépopulation sévissant parmi les catholiques serait *un sujet de scandale pour les indifférents*, pour ceux qui, n'ayant pas de religion, déclarent que la France elle-même n'en a pas besoin. Cette première considération vaut la peine d'être approfondie. Il est clair que l'infécondité volontaire des catholiques est la plus coupable, d'autant plus qu'elle sert d'exemple et d'excuse à ceux qui n'ont pas la foi et qui vivent habituellement dans l'indifférence religieuse. Or nous ne pouvons pas ne pas avouer que, même dans les milieux extérieurement croyants et pratiquants, il y a bien des consciences ignorantes ou faussées qui oublient les principes de la morale. Nous ne pouvons pas ne pas avouer qu'un bon nombre de chrésiens, rebelles à la loi de Dieu, limitent volontairement leur postérité, et, si nous hésitions à les admonester, c'est un laïque autorisé qui nous prêterait ici sa parole et ses arguments. Il y a seulement quelques années, en 1908, le journal *La Croix* ouvrait une enquête dans ses colonnes sur ce sujet : l'Avenir de nos enfants, et dans son numéro du 3 octobre il insérait la réponse de M. Henri Joly, de l'Institut, dont voici la partie principale : « A peine avais-je lu, écrit M. Joly, cette question : que faire de nos fils ? qu'une première réponse me venait immédiatement à l'esprit : Mais commencez donc par en avoir ! Ceux qui vous ont confié leurs inquiétudes sur l'avenir de leurs enfants sont évidemment des personnes qui ne songent pas uniquement à leurs jouissances personnelles et à leur intérêt immédiat, puisqu'elles regardent ainsi au delà d'elles, puisqu'elles pensent à l'avenir de leurs petits-enfants et à celui de la France.

« Ce qui est urgent, c'est de ne pas redouter le nombre des enfants, c'est de multiplier les familles croyantes.

« Je sais qu'il est des familles placées dans des situations difficiles : ce sont celles qui ont de nombreux enfants dans un milieu social et professionnel où il y en a de moins en moins. Beaucoup se résigneraient plus volontiers à avoir cinq ou six enfants, dans un milieu où tout le monde en aurait cinq ou six, qu'à en avoir seulement trois ou quatre dans une société où la majorité n'en a que deux. Qu'il y ait là plus de respect humain, plus de crainte pusillanime que de raisonnement exact et de véritable fierté, je le reconnais. Je reconnais aussi que la pression du milieu est redoutable et que les familles qui ont la force d'y résister sont des familles exceptionnelles.

« Qu'y faire pourtant ? Il faut donner ici ou le bon ou le mauvais exemple, de même que si l'on est, un vendredi, à une table où il y a gras et maigre, il faut inévitablement faire l'un ou l'autre. Il n'y a pas de milieu.

« Mais qu'au delà du devoir présent on en voie donc les conséquences ! Les premiers chrétiens ne se sont pas bornés, comme on le croit souvent, à vivre dans les catacombes et à attendre le martyre. Qu'on relise la phrase célèbre où Tertullien les montre remplissant et renouvelant les cadres de la vieille société païenne épuisée par le divorce, par le concubinage, par le vice contre nature et par la stérilité volontaire. Renonçons à chercher des petits coins où se réunir pour laisser passer l'orage. Ayons une génération qui cherche à être riche en hommes encore plus qu'à être riche en argent... »

Voilà de belles et viriles paroles. Que les catholiques aient le courage de s'en inspirer et personne n'aura le droit d'affirmer que les chrétiens ne valent pas mieux que les autres, personne n'aura plus aucun prétexte de dire que la religion est impuissante à arrêter le fléau de la dépopulation, personne n'aura plus l'audace d'échapper à son devoir en s'autorisant d'exemples venus de haut. Sans doute la loi divine est gênante pour la nature, et malgré le sang de l'Évangile infiltré dans leurs veines, plus d'une fois les chrétiens, placés en face d'un monde qui se croit tout permis, laisseront échapper tout bas le cri de Frédéric II : « Saladin est bien heureux, il n'a pas de pape pour l'empêcher de faire ce qu'il veut. » Mais qu'importe ! Noblesse oblige ! Ceux qui ont l'honneur d'avoir la foi sont particulièrement obligés de donner l'exemple en vivant conformément à leur conscience et autrement que ceux qui n'ont pas la foi.

Le fléau de la dépopulation sévissant parmi les catholiques serait *un présage d'infériorité pour la Religion*. De quoi nous plaignons-nous surtout et de quoi souffrons-nous en France ? De n'avoir pas assez de chrétiens croyants et pratiquants. Or si les catholiques n'avaient qu'une postérité limitée et très restreinte, ils deviendraient assez vite l'exception, le petit nombre, le groupe inaperçu et insignifiant au milieu de la masse indifférente ou impie, ils seraient submergés dans l'immense multitude non croyante, et la Religion subirait un amoindrissement, un recul effrayant. Que si, au contraire, les catholiques ont beaucoup d'enfants, l'avenir leur appartient et leur prépondérance numérique assure presque fatalement le progrès de leur religion.

Un pasteur anglican, le ministre Evans, étudiait dernièrement cette question : l'Angleterre deviendra-t-elle catholique ? et il répondait affirmativement, en s'appuyant sur la différence de natalité entre les familles protestantes qui n'ont que peu d'enfants et les familles catholiques qui en ont beaucoup. Il citait des chiffres et des statistiques. « Ces chiffres, disait-il, produisent en moi une crainte qui m'obsède, car en religion comme en politique ou en guerre, c'est la majorité qui gouverne. » Puis, après avoir montré à son auditoire protestant la foule des catholiques se rendant tous les dimanches à la messe et leurs enfants encombrant les rues du nord de la ville, il concluait : « La cause du protestantisme n'est pas encore complètement perdue, mais du train dont vont les choses, elle le sera bientôt. Nous contruisons, sans nous en apercevoir, son cercueil. Le P. Vaughan a dit : Ce qui est nécessaire à l'Angleterre pour sa prospérité, c'est de voir moins de berceaux vides ! Tant que nous ne pourrons opposer qu'une naissance à quatre des catholiques, nous nous battrons pour une cause perdue. Quelle que soit la solution, je dis, sans crainte de me tromper, qu'à moins d'un miracle, l'Angleterre et les pays chrétiens seront bientôt catholiques romains, pour la simple, mais convaincante raison que la natalité chez les catholiques est de 50 pour 100 supérieure à celle des protestants. » La question qui se pose en France entre catholiques et indifférents est la même que celle qui se pose en Angleterre entre protestants et catholiques, et des deux côtés le problème à résoudre se décide par les chiffres de la natalité. Avec des familles nombreuses les catholiques français préparent à leur cause des victoires certaines et une supériorité marquée. Dans vingt ans, la France délivrée du cauchemar de la dépopulation se réveillerait forte et grande et elle se réveillerait catholique. Et cela se ferait sans discussion, sans secousse, automatiquement, par le seul jeu des naissances...

Puis voyez le monde qui s'ouvre à la France, à sa langue, à son épée, à son dévouement. Une idée n'a sa forme complète que lorsqu'elle s'est fondue dans une phrase française. Nous sommes au premier rang, ouvrant la route et donnant le meilleur coup d'épée pour faire avancer la vraie civilisation, sans vouloir toujours tirer de nos conquêtes un profit matériel et tangible. Or qui représentera la France à travers le monde, en Orient, en Amérique, en Indo-Chine, à Madagascar, en Algérie, en Tunisie, au Maroc, dans toute l'Afrique septentrionale? Qui sauvegardera l'avenir du catholicisme dans l'univers, sinon la France, sinon les catholiques de France? C'est leur devoir, puisque par vocation la France est essentiellement la nation initiatrice et apostolique, et c'est aussi leur intérêt, puisque par contre-coup la France se propage elle-même en propageant le catholicisme à l'extérieur. Mais pour porter au loin leurs enfants et leurs croyances, leurs foyers et leurs autels, leur drapeau et leur religion, il faut de toute évidence que les catholiques français aient une natalité abondante. S'ils ne suscitaient pas la vie chez eux, comment pourraient-ils la répandre au dehors ? En vain se plaindraient-ils de ne savoir comment caser leurs enfants. Il y a de la place et de l'ouvrage pour tout le monde sur la terre de France qui peut facilement porter et nourrir 80 millions d'habitants, et à l'étranger se présentent de vastes terres et d'innomblables débouchés qui attendent une masse énorme d'activités agricoles, industrielles et commerciales. Une grande partie du monde reste à bâtir, à cultiver, à exploiter et à civiliser. Quel malheur ce serait pour la Religion et pour la France si les catholiques français n'avaient personne à envoyer là-bas pour y porter, avec leur sang, l'idée chrétienne et l'idée nationale !

***

Encore un mot et un mot d'extrême gravité. Le fléau de la dépopulation sévissant parmi les catholiques créerait *une difficulté de recrutement pour le clergé.* Il faudrait à la France beaucoup de prêtres pour évangéliser les villes et les campagnes, beaucoup de prêtres écrivains, docteurs, prédicateurs pour suffire aux exigences intellectuelles et scientifiques des hommes de ce temps, beaucoup de prêtres professeurs et directeurs d'œuvres pour élever chrétiennement la jeunesse qui étudie et la jeunesse qui travaille, beaucoup de prêtres missionnaires au dedans pour préserver les classes populaires menacées de paganisation. Pour relever la France, il faut la christianiser, et, pour la christianiser, il faut des prêtres. Les prêtres sont les ouvriers du relèvement national ; ils font des chrétiens ; or « un peuple de vrais chrétiens n'aurait pas besoin de gendarmes », dit J.-J. Rousseau.

Nous parlions tout à l'heure de l'obligation où sont les catholiques français d'essaimer à l'étranger. Ne nous faut-il pas également des prêtres français pour porter au dehors la foi chrétienne ? C'est l'Angleterre qu'on respecte là ou règnent les prédicateurs anglicans, et c'est notre nation qu'on révère là où se dévouent nos missionnaires et nos religieuses. La France a donc besoin de prêtres et de religieuses, de beaucoup de prêtres soit chez elle, soit à travers le monde. Quand on s'appelle le soldat de Dieu et la Fille aînée de l'Église, on ne peut pas, sans avouer sa déchéance, ne pas porter au loin la croix du Christ, associée au drapeau national. Et de fait, n'est-ce pas toujours à la France que s'adressent les Evêques de l'Orient, de la Chine, de l'Océanie, de l'Afrique, n'est-ce pas à la France qu'ils demandent des prêtres ?

Or à qui la France elle-même s'adressera-t-elle pour avoir des prêtres ? S'adressera-t-elle à des familles indifférentes ou hostiles à la religion, qui, bien loin de désirer pour leurs enfants l'honneur du sacerdoce, ne leur assurent pas même le bienfait d'une éducation chrétienne ? Non, certes. Elle s'adressera aux familles foncièrement catholiques qui ont la foi et qui apprécient à sa juste valeur la haute et surnaturelle mission du clergé. Mais si ces familles catholiques sont stériles ou à peu près stériles, comment pourront-elles donner des prêtres ? Quand on a sept ou huit enfants, c'est encore un sacrifice d'en donner un à Dieu ; mais enfin on le fait. Quand on n'en a qu'un ou deux, le courage manque.

Et n'est-ce pas la triste réalité dans beaucoup de diocèses de France ? Dans son beau roman *La Barrière*, René Bazin nous montre le fils unique, Félicien Limerel, élevé par des parents soi-disant catholiques qui n'ont « qu'une religion de façade ; religion du dimanche dont on fait bon marché en semaine ; religion de jour, dont on ne se souvient pas la nuit ». Choyé comme une petite idole, Félicien tourne mal, s'en va de la maison paternelle, et une conversation s'engage entre son père et sa mère. « Nous sommes coupables, s'écrie Mme Limerel ; quand j'ai vu Félicien nous quitter tout à l'heure, j'ai pensé : c'est le châtiment. » Et le mari de répondre : « Des enfants ? Qui est-ce qui se moquait avec tant d'esprit des familles nombreuses ? Qui est-ce qui ne voulait pas d'enfants et qui me le disait ?... Je suis complice, mais le vrai coupable, c'est vous ! Je vois se liguer contre nous les âmes qui auraient pu naître, qui devaient naître et qui ne sont pas nées... Elles se lèvent, elles protestent, les poussières accusatrices des corps qui auraient eu la vie et l'âme. Si on me disait qu'il y a du meurtre entre nous, je ne saurais que répondre ! Nous avons diminué volontairement le nombre des justes, et Dieu frappe... » Il serait superflu de commenter ces poignants aveux. Disons seulement, pour ne pas sortir de notre sujet, que si les catholiques mal avisés diminuaient le nombre des justes, ils diminueraient également le nombre des prêtres et que par leur faute le recrutement du clergé deviendrait de plus en plus difficile pour le plus grand dommage de la religion et de la patrie, pour la ruine de plus en plus certaine non seulement des autels, mais des foyers et de la cité.

Le fléau de la dépopulation est redoutable au point de vue catholique comme au point de vue familial et national, et les calamités que nous venons de dénoncer sont si émouvantes qu'elles appellent une solennelle adjuration et des résolutions magnanimes. Écoutons donc ici l'imposant témoignage d'un laïque, inspecteur général des Forêts en retraite, arrivé au sommet de l'âge, lequel nous écrivait récemment : « Le patriarche plus qu'octogénaire qui trace ces quelques lignes veut vous dire : Avec l'autorité qui vous appartient prenez la résolution et ne vous lassez jamais de rappeler à tous, que la parole génératrice du salut de l'avenir prochain, sera celle-là et celle-là seulement qui convaincra nos continuateurs d'évoquer à la vie, sur la rive gauche du Rhin, une population à mentalité catholique aussi nombreuse que celle constituée par le Barbare luthérien sur la rive droite du fleuve, limite antique et naturelle du Peuple élu de Dieu pour l'accomplissement de ses gestes sur la terre. Français, ayez des fils qui soient nombreux si vous voulez sauvegarder notre France, et, par elle, tout ce qui vaut d'être vécu au cours de notre épreuve terrestre. » Nous n'avons pas l'honneur de connaître notre noble correspondant, M. le comte E. Petiton. Mais les belles paroles qu'il nous adresse méritent d'être enregistrées et religieusement méditées.

CHAPITRE IV

Le Fléau de la Dépopulation
Ses causes

1° La perversion des lois.

IV

Le Fléau de la Dépopulation
Ses causes

1° La perversion des lois.

Le mouvement de la population en France se résume ainsi : accroissement annuel très faible, accroissement inférieur à celui des autres pays, accroissement avec une tendance prononcée à cesser d'exister.

Pourquoi cette déchéance ? Meurt-on chez nous plus qu'ailleurs ? Non assurément. Notre pays est riche, les médecins y sont nombreux et expérimentés, les conditions climatériques excellentes. Ce n'est pas la mortalité qu'il faut accuser ici, mais bien la faiblesse de la natalité.

Et alors une question se pose qu'il faut avoir le courage d'aborder, sinon de résoudre. D'où vient chez nous la faiblesse de la natalité ? Quelles sont les causes de cette plaie sociale, et quels sont les remèdes qui pourront la cicatriser et la guérir ?

Quelques-uns refusent de regarder le mal en face et déclarent qu'il n'y a rien à faire. On leur montre les nations voisines pullulant au-dedans et envoyant leurs essaims au dehors ; on leur montre la France qui s'appauvrit, qui perd son sang, qui s'étiole, qui se vide et on leur dit : La France s'en va ! A cela ils répondent en secouant la tête et en reprenant leur sommeil momentanément interrompu : Que nous importe ? Après nous l'invasion, après nous le déluge, après nous la fin ! L'invasion est venue, et, si le fléau de la dépopulation ne s'arrête pas, ce sera la fin. « C'est la mort par chloroforme, dit le docteur Bertillon ; elle n'est pas douloureuse, mais c'est la mort quand même. » Hommes, chrétiens, Français, pouvons-nous assister d'un œil morne et d'un cœur léger à l'exécution d'un tel destin ? Que diriez-vous d'un capitaine de vaisseau qui, au lieu de lutter contre la tempête, irait se coucher dans sa cabine en disant : Advienne que pourra ? Il y a mieux à faire que de ne rien faire.

Cherchons. Les législateurs, les économistes, les savants, les médecins, les philosophes, tout le monde à cette heure cherche à expliquer la décroissance de la natalité qui nous menace, nous amoindrit et nous consterne. Nous, catholiques, cherchons, ou plutôt résumons toutes les recherches déjà faites par d'autres et donnons notre propre solution.

***

Nous attribuons le fléau de la dépopulation à trois causes principales qui sont : la perversion des lois, la perversion des mœurs et la perversion des consciences.

Et d'abord nous accusons la perversion des lois. Nous leur reprochons d'être souvent insuffisantes et quelquefois malfaisantes. Insuffisantes, elles ne protègent pas la natalité ; malfaisantes, elles nuisent à la natalité et la diminuent. D'une manière tantôt négative et tantôt positive elles manquent à leur mission.

La loi a un premier tort. *Elle ne réprime pas le fléau de la dépopulation.* Dans un pareil sujet on ne peut pas tout dire. Il faut tout de même en dire assez pour désigner, sinon pour approfondir les sources du mal ; il faut en particulier dire un mot des doctrines, des propagandes et des pratiques criminelles qui font le vide en un si grand nombre de foyers français ; il faut constater et déplorer le silence et l'inertie de la législation en présence de désordres qui relèvent de son contrôle et de sa sanction.

Voici le malthusianisme. Les doctrines de Malthus firent grand bruit en Angleterre à la fin du XVIIIe siècle. Cet économiste a voulu et cru prouver que l'accroissement naturel de la population était beaucoup plus rapide que l'accroissement des subsistances. La race humaine croîtrait suivant une progression géométrique : 1, 2, 4, 8, 16, etc... ; les subsistances croîtraient suivant une progression arithmétique : 1, 2, 3, 4, 5, etc... D'où, pour ne pas la condamner à mourir de faim, nécessité de limiter la population. C'est la doctrine malthusienne. Or ce danger de superpopulation entrevu par Malthus est purement imaginaire, tous les économistes le reconnaissent et besoin n'est pas de citer leurs témoignages qui sont concordants et unanimes. Si le malthusianisme n'était qu'une question agitée entre les savants, il n'y aurait pas à s'en préoccuper. Mais il est devenu une propagande publique, méthodique et active, qui met tout à contribution : les ligues, la rue, l'image, le journal, le roman, les cafés-concerts, les cinémas, les théâtres, les brochures de vulgarisation, les tracts, conférences, consultations pratiques et le reste, et cette propagande exerce spécialement ses ravages dans les milieux populaires : groupements prolétariens, syndicats ouvriers, bourses du travail. Et les résultats de cette propagande? Ils sont terrifiants. Dans son rapport au deuxième Congrès national contre la pornographie, en 1912, M. Paul Bureau nous montre l'affaissement de la natalité en certaines villes où l'éducation malthusienne a été menée le plus méthodiquement : Roubaix, Tourcoing, le Creusot, Fougères ; il donne des chiffres et il conclut : « Il n'y a rien à ajouter à ces chiffres, nous assistons au suicide d'une race qui délibérément et en pleine connaissance de cause refuse de poursuivre sa destinée. »

A côté du malthusianisme existe un autre puissant facteur de dépopulation que Jules Simon déjà signalait en ces termes : « Ils sont nombreux les enfants supprimés... ils sont une véritable armée qui ne vient pas au jour et qui rendrait cependant de grands services, si elle était sous les drapeaux de la France. » Combien sont-ils? On a donné des chiffres qui font peur. Dans un article du journal *Le Matin* du 21 décembre 1910, le professeur Lacassagne écrivait : « 500.000 enfants, chaque année, manquent à la France, assassinés avant d'avoir vu le jour. » A la journée diocésaine de Paris, qui s'est tenue le 28 février dernier, sous la présidence du Cardinal-Archevêque, M. Jordan, professeur à la Sorbonne, présentait un rapport intitulé : *Mariage et Natalité*, et dans ce rapport très courageux, très documenté, très sage, il citait un ordre du jour, voté par la Société obstétricale de Paris en 1909, ordre du jour déclarant que l'avortement, « d'après les plus récentes statistiques des maternités des grandes villes, détruit le tiers environ » des enfants à naître. Une réflexion en passant. L'infanticide et l'avortement étaient un droit et une habitude courante dans les sociétés anciennes, dans la société grecque et surtout dans la société romaine. Hélas ! à mesure que nous nous affranchissons de la discipline de l'Evangile, nous retombons sous le joug des turpitudes antiques. En nous éloignant de Jésus-Christ, nous allons à la pourriture et à la mort !

La loi devrait réprimer le fléau de la dépopulation et par conséquent empêcher les propagandes et les tentatives criminelles qui ont pour but d'écarter l'enfant et de vider les berceaux. Il faudrait poursuivre à outrance les rédacteurs de ces livres, de ces brochures, de ces journaux qui enseignent la dépopulation raisonnée et scientifique. Il faudrait condamner impitoyablement ceux qui les écrivent, ceux qui les vendent, ceux qui les distribuent. Il faudrait sévir contre les pratiques immondes qui tuent les vies humaines dans le sein maternel. En pareille matière l'impunité constitue pour la famille française, pour l'avenir physique et moral de la race, le plus funeste de tous les périls ; en pareille matière ceux qui font les lois et ceux qui les appliquent ont un devoir impérieux à remplir.

Ceux qui font les lois et ceux qui les appliquent, osons le dire, semblent se désintéresser du débordement d'immoralité qui menace la natalité. On a sans doute édicté quelques lois : celle de 1881 sur la liberté de la presse ; celle de 1882 contre les petites publications exposées ou distribuées sur la voie publique et jusqu'à la porte des lycées ; celle du 7 juin 1908 où tous les délits d'immoralité sont prévus. Mais ces lois sont insuffisantes ; et d'ailleurs elles ne sont pas appliquées. Du haut en bas de l'échelle administrative, on ferme les yeux sur les faits les plus scandaleux, on ignore les lois faites contre la débauche et la stérilité, on a pris pour devise : « Laissez faire, laissez passer. » Dans la réunion de la Société d'Économie sociale, en 1911, M. Bérenger a pu constater ceci : « qu'à mesure qu'augmentent les signes de la dépravation et le nombre des délits, la répression diminue ; elle s'est abaissée de plus d'un tiers depuis quatre ans ». Comment en serait-il autrement ? La propagande néo-malthusienne n'a-t-elle pas été déclarée non punissable par un arrêt célèbre de la Cour de cassation en date du 23 novembre 1912 ? En somme, à Paris et en province, l'État, par l'intermédiaire de ses tribunaux et de sa police, ne fait à peu près rien pour réformer les mauvaises mœurs. Et la foule, qui est simpliste, qui a le fétichisme de l'autorité, regarde volontiers comme acceptables des idées et des actes que l'autorité ne réprime pas.. « Nos médecins d'État sont bien coupables, écrit M. R. Bazin. Ils ont laissé se répandre, je ne dis pas la doctrine, mais les recettes malthusiennes par toute la France ; la poste et le bureau de tabac ont été complices ; des conférences abominables ont été faites jusque dans les petits villages, et quelquefois par des fonctionnaires qui n'ont pas été révoqués. Comment les Français peuvent-ils accepter une responsabilité pareille ? Comment se fait-il que l'avortement ne soit pour ainsi dire pas réprimé, et qu'un statisticien ait pu écrire, sans émouvoir les pouvoirs publics, que cette sorte de crime enlevait chaque année 500.000 enfants à la France ?... On peut affirmer que cette redoutable question de la natalité française, si elle a eu ses écrivains, ses philosophes, *n'a pas encore son homme d'État.* Il faut cependant qu'il vienne et promptement. Après cette guerre qui tue tant d'hommes, si on ne naît plus, en France, que serons-nous ? »

***

La loi a un second tort. Non seulement elle n'a pas le courage de réprimer, mais elle pousse souvent l'imprudence jusqu'à *favoriser le fléau de la dépopulation.* Prenons simplement la loi du divorce et demandons-lui compte de ses résultats au point de vue de la natalité. Les Commissions officielles instituées pour rechercher les causes de la dépopulation tournent perpétuellement autour de la vérité sans l'apercevoir ou, tout au moins, sans l'embrasser tout entière. Il y a des gens qui ont des yeux pour ne pas voir. Ce sont des myopes volontaires. Ils ne voient pas que la loi du divorce a désagrégé la famille romaine, qu'elle est en train de désorganiser la famille française et que par conséquent elle est un des facteurs les plus actifs de la dépopulation. L'influence désastreuse de cette loi sur la natalité est manifeste ; si elle ne se démontre pas directement par des statistiques particulières, elle a sa très large part dans les statistiques générales.

Quand on a établi le divorce en 1884, on a voulu censément diminuer le nombre des familles désunies et augmenter le nombre des mariages et des naissances. Or c'est justement le contraire qui est arrivé. Les faits ont parlé et ils sont accablants. Depuis le rétablissement du divorce, les procès entre époux se sont multipliés dans la proportion d'un à quatre. Le divorce qui devait mettre la paix dans les ménages, a allumé partout des guerres intestines. Depuis le rétablissement du divorce, les mariages et les naissances diminuent sensiblement et le fléau de la dépopulation s'accentue d'année en année.

Comment pourrait-il en être autrement ? La plupart des mariages d'aujourd'hui sont stériles parce que les époux mettent l'individualisme à la base de leur contrat ; ils se marient pour eux, et non pour avoir des enfants et s'acquitter ainsi de leurs devoirs envers la nature, envers la société et envers Dieu ; ils mettent leur jouissance individuelle au-dessus de tout. Or que fait la loi du divorce ? Elle facilite le développement de l'individualisme, et, dans la mesure même de ce développement, elle porte une atteinte grave à la natalité. Tous les promoteurs du divorce n'ont eu en vue que le bonheur des époux. Toutes les raisons alléguées en faveur du divorce sont tirées de l'intérêt ou du bonheur des époux ; tous les arguments supposent que le mariage n'a d'autre but que leur bien-être, comme il n'a d'autre cause que leur bon vouloir. Il est manifeste et l'expérience de tous les jours démontre que ce point de vue « individualiste » du mariage va directement contre son but, c'est-à-dire contre la naissance et la multiplication des enfants. La loi du divorce, qui ne vise qu'au bonheur des époux, a donc un retentissement déplorable sur la natalité. En dissolvant la famille, le divorce hâte la décomposition de la société. Il déchaîne à travers les esprits cette exécrable doctrine que, dans le mariage, on peut tenir moins de compte de la stabilité et de la fécondité des foyers que de la liberté du plaisir et qu'en général on peut, sans remords, sacrifier le devoir à la passion et rejeter les lois de la morale quand on les trouve trop pesantes. Avec de telles idées érigées en principes, que voulez-vous que devienne une société? Elle tombe fatalement en pourriture. Elle n'a plus de place parmi les vivants. Elle va droit au cercueil.

Dissipons ici les déplorables illusions que se font beaucoup de gens, et même quelques catholiques. Ils pensent et ils disent que, la loi civile permettant le divorce, ils ont le droit de profiter de la permission que donne la loi civile. Erreur profonde! Au-dessus de la loi civile, et antérieurement à elle, existe la loi divine qui s'impose souverainement à nos pensées et à nos actes. Que nous ayons le droit et le devoir d'obéir à la loi civile, quand elle est conforme à la loi divine, rien n'est plus clair et notre obéissance, en pareil cas, n'est pas seulement légitime, mais obligatoire et méritoire. Il peut arriver cependant et il arrive souvent que la loi civile se tient à côté et en dehors de la loi divine et se comporte comme si la loi divine n'existait pas. La loi civile *ignore* les crimes cachés dont le nombre est incalculable et que Dieu condamne. Ces crimes cachés, ignorés de la loi civile, sont-ils permis en conscience? Evidemment non. La loi civile *tolère* des crimes publics, tels que le blasphème, l'avarice, le travail du dimanche que Dieu a en horreur. Ces crimes publics, tolérés par la loi civile, sont-ils permis en conscience ? Évidemment non. Enfin la loi civile *autorise* certains actes, tels que le divorce, qui sont proscrits par la loi divine. Le divorce, autorisé par la loi civile, est-il permis en conscience ? Évidemment non. On croyait autrefois que le bon plaisir du prince donnait à la loi son fondement et sa force. C'était faux. On paraît croire aujourd'hui que le nombre crée le droit et que tout ce qui est voté par une Assemblée est nécessairement juste, admirable, parfait. C'est également faux. « Une chose n'est pas juste, écrit Montesquieu, parce qu'elle est dans la loi ; elle ne doit être dans la loi que si elle est juste. » On ne saurait mieux dire. Pour savoir ce que valent les lois humaines et l'estime qu'elles méritent, il faut les comparer à la loi divine. Or la loi divine veut le mariage indissoluble ; donc l'homme n'a pas le droit de séparer ce que Dieu a uni. La loi divine condamne le divorce ; donc la loi civile n'a pas le droit de l'autoriser, et, si cette autorisation est donnée, les chrétiens n'ont pas le droit d'en user.

Voilà les principes. Ils sont indiscutables. Mais, en fait, ces principes ne seront jamais admis et obéis par tout le monde chez un peuple qui n'en tient pas compte dans sa législation. Ayant à choisir et à se décider entre la loi divine qui défend et la loi civile qui permet, entre la loi divine très austère et très intransigeante et la loi civile très facile et très accommodante, beaucoup d'hommes pencheront fatalement du côté qui les gêne le moins. Connu la faiblesse, la puissance d'illusion et les passions de la pauvre nature humaine, il n'en saurait être autrement. Ajoutez à cela que la loi, même simplement civile, même défectueuse, conserve une apparence de majesté et d'autorité qui en impose à la masse, et du moment qu'elle flatte les bas instincts du cœur, elle est sûre de se concilier des adhésions intéressées et de nombreuses docilités. Telle est l'histoire du divorce et de son succès dans notre société française depuis 1884. Il a été accepté par beaucoup. *Il n'en vaut pas mieux pour cela.* Il reste interdit, flétri et proscrit par la loi de Dieu qui ne fléchit ni devant les passions victorieuses, ni devant les faits accomplis. Il reste condamné non seulement par la foi chrétienne, mais par la raison humaine et par l'expérience comme un des pires dissolvants de la famille. Bien qu'introduit dans nos codes, il reste dangereux et redoutable parce qu'il favorise dans notre pays le fléau de la dépopulation.

CHAPITRE V

Le Fléau de la Dépopulation
Ses causes

2° La perversion des mœurs.

V

Le Fléau de la Dépopulation
Ses causes

2° La perversion des mœurs.

Dans une conférence donnée au Congrès Jeanne d'Arc le 23 mai 1916 sur *le Sauvetage de l'Enfance*, le docteur Variot, médecin de l'hospice des Enfants assistés, constatait d'abord et déplorait l'abaissement de notre natalité et comme contre-coup fatal la diminution de notre force militaire, puis il ajoutait : « J'ai fait partie de la commission dite de la dépopulation ; nous avons proposé des mesures aux pouvoirs publics : elles ont été efficaces pour diminuer notre mortalité infantile, mais non pour relever notre natalité. La dépopulation se rattache surtout à d[illegible] causes sociales et morales. » Rien de plus vrai. La perversion des lois n'est pas la cause principale de la dépopulation. Les lois les plus défectueuses auraient peu d'influence et d'ailleurs ne tiendraient pas longtemps, si les mœurs ne venaient à la rescousse pour les maintenir et les renforcer. Entrons donc plus avant dans notre sujet et voyons comment la perversion des mœurs, plus nocive que la perversion des lois, suscite, actionne et favorise le fléau de la dépopulation. On veut amasser coûte que coûte, paraître à tout prix, jouir à outrance. Avec de telles mœurs, fatalement la natalité baisse et la France se dépeuple.

***

On veut amasser coûte que coûte. Expliquons-nous bien et dissipons tout de suite un préjugé qui est une injustice. Il n'est pas rare d'entendre dire que plus les gens sont riches, moins ils ont d'enfants. C'est trop souvent vrai, mais ce n'est pas toujours vrai. Les industriels du Nord, dont beaucoup sont riches, montrent avec fierté leurs nombreux fils ou gendres, tous habitués aux affaires. Il en est de même dans la plupart des régions industrielles. Et dans combien de belles familles aristocratiques on admire encore une abondante postérité jointe à une grande fortune territoriale ! « Il est fâcheux, écrit très sagement M. R. Bazin, d'accréditer dans un pays cette idée que la richesse, un des buts principaux de l'activité humaine, amène nécessairement la démoralisation et la diminution des familles. Tous les efforts, ceux de l'individu, ceux des sociétés, pour l'augmentation du bien-être, aboutiraient donc à la stérilité de la race et à la mort ? Ne serait-ce pas condammer l'ambition de s'enrichir ? Non, le rôle de la fortune peut être magnifique. Elle est nécessaire pour le bien de l'Etat, légitime en soi, dangereuse *à qui n'a qu'une médiocre vie morale...* »

Retenons ce dernier mot : la richesse est dangereuse à qui n'a qu'une médiocre vie morale. La vie morale étant médiocre chez beaucoup, nous voyons et nous touchons du doigt les déplorables résultats de l'argent. L'argent... que ne fait-on pas pour en avoir et que ne fait-on pas quand on en a ? La fortune mal acquise et la fortune mal employée, n'est-ce pas, dans notre monde contemporain, un désordre de tous les jours et une tare de toutes les classes sociales ? En ce qui concerne particulièrement la natalité, il faudrait être aveugle pour ne pas discerner les ravages de l'argent, quand il règne en maître, quand il n'est pas contenu et dirigé par une forte vie morale. Quelques-uns de nos départements les plus riches sont les moins féconds, parce qu'ils ne sont plus chrétiens que de nom. Et d'un autre côté les départements du Nord et de l'Est sont riches et, malgré leur richesse, ils sont peuplés comme les pauvres régions du Plateau Central ou de la Bretagne, parce qu'ils ont su garder, eux aussi, leurs vertus familiales et leur foi chrétienne. Ce n'est pas la richesse qui, par elle-même, diminue le chiffre des naissances. La richesse ne vide les berceaux que dans la mesure où elle s'affranchit du frein moral et religieux.

Hélas ! le cas n'est que trop fréquent. Les riches, en général, ont moitié moins d'enfants que les pauvres. A Paris, pour 100 naissances dans les arrondissements pauvres, il y en a 65 dans les arrondissements moyens et 34 dans les arrondissements les plus riches. Le 2 février dernier, à la Société des Conférences, M. Charles Chenu, ancien bâtonnier, ne craignait pas d'adresser à son auditoire très distingué, ces courageuses paroles : « Rejetez ces calculs égoïstes dont sans injustice on fait monter le reproche jusqu'à la bourgeoisie. Epargnez à vos descendants, par les conseils et l'éducation que vous leur donnerez, épargnez-leur le remords qui doit peser sur la conscience de ceux qui, pour déterminer l'effectif familial, ont supputé leur avoir et réglé, d'après l'état de leur bilan, le nombre de leurs enfants. » Ces calculs néfastes à la multiplication normale des enfants ne sont pas le monopole des classes fortunées. Le petit commerçant, qui a amassé sou à sou son mince capital; le paysan, qui a acquis ses champs par lopins de terre, n'entendent pas plus que le riche banquier voir s'en aller le fruit de leur travail à une nombreuse postérité ; et, pour trouver des pères qui consentent à avoir beaucoup d'enfants, il faut souvent aller jusqu'à ceux qui n'auront pas un sou vaillant à leur laisser !

Certes, le sol de la France ne le cède en rien au sol de l'Allemagne. Nos terres sont plus fertiles, notre climat plus doux, notre situation entre l'Océan et la Méditerranée fait de notre pays « le plus beau royaume sous le ciel ». Mais voilà ! Les Français depuis quarante ans ont travaillé, économisé, amélioré leur condition matérielle, ils *ont amassé* des capitaux, ils n'ont oublié que l'essentiel : produire des hommes ; pour amasser toujours davantage, ils ont diminué de plus en plus les sources de la vie. Et ainsi ils ont enlevé tant de soldats à la France qu'un jour où il fallut faire front à l'ennemi, notre infériorité fut telle, vis-à-vis des fourmis innombrables accourues à l'assaut, que, sans un miracle, nous eussions été perdus. Ç'a été la faute universelle dans les classes élevées, moyennes et populaires. Des enfants : quel embarras et que de charges ! S'ils sont plusieurs, la dot de chacun sera mince, tandis que si on n'en a qu'un, la dot sera ronde et le fils unique fera un beau mariage. Et puis, quand on n'est pas très riche, comment faire de ses enfants des fonctionnaires, des médecins, des notaires, des avocats ? Il y a un moyen : c'est d'en réduire le nombre. Ainsi raisonnent et agissent des masses de gens. Ils amassent coûte que coûte et ils limitent strictement le nombre des convives à la table de famille, le nombre des héritiers admis au partage du patrimoine, et par conséquent le nombre des défenseurs de la patrie.

Il y a dans nos mœurs une autre tendance qui va au même résultat, c'est-à-dire à l'abaissement de la natalité. *On veut paraître* à tout prix. Au lieu d'être, il ne s'agit que de paraître et la vie se perd dans le luxe, la vanité et le gaspillage. Or le luxe est un des plus grands ennemis des familles nombreuses. Avec sept ou huit enfants on est obligé de pratiquer la modération et la simplicité dans le train de vie ordinaire, dans l'ameublement, dans les fêtes, dans les déplacements, dans les divertissements ; on est obligé d'élever les garçons très sérieusement et d'habituer les filles à aider leur mère dans l'éducation des plus jeunes, à surveiller le ménage, à faire le marché, à mettre la main à toutes les besognes de la maison ; en un mot, on est obligé de se contenter de peu et de s'élever ainsi avec une noble indépendance au-dessus des préjugés et des habitudes de vanité et de sot amour-propre qui asservissent aujourd'hui tant d'esprits. Avec un ou deux enfants, c'est tout le contraire ; on peut les parer comme des princes et des princesses ; on peut mener la vie à grandes guides, ne se priver de rien et nager dans le superflu ; on peut resplendir davantage, dépasser les autres, éblouir le public. Quand le luxe entre dans une maison, il y prend toute la place et il rend presque impossible la présence de nombreux enfants. Dans son beau livre intitulé *Le Renouveau*, le comte de Chabrol prévoit les charges fiscales qui pèseront sur les Français après la guerre. « Et s'il résulte de ces charges, écrit-il, que nous devions restreindre de moitié le luxe de notre vie, ce luxe dont les besoins ont, dans la plupart des cas, été *la cause de la diminution de la natalité* en France, voulez-vous me dire où sera le mal ? »

Creusons un peu ce sujet et constatons que le luxe est même un des principaux obstacles à l'établissement du foyer dans les classes moyennes. « Le moyen d'épouser ces ruineuses personnes écrit M. H. Lavedan. *La toilette* fait reculer nombre de braves qui ne se sentent de taille ni à satisfaire ses exigences ni à les réduire. » Depuis que les frais somptuaires d'une jeune femme adonnée au luxe coûtent dix fois plus cher que les aliments nécessaires à la vie, le jeune homme appelé à l'état du mariage s'arrête, s'interroge et se demande avec effroi s'il est capable d'en supporter les charges. S'il ne suit pas la mode, il sera ridicule ; s'il la suit, il sera condamné à une gêne perpétuelle. Que faire ? Pour éviter ce double écueil, il s'abstient, il détourne à tout jamais son cœur et ses yeux de la pensée du mariage et il se condamne à un célibat plein de périls.

Ah ! sans doute, ils sont encore nombreux chez nous les élus qui n'ont pas fléchi devant Baal, les jeunes gens qui comptent sur le travail et sur la

Providence pour entretenir normalement et simplement leur femme et leurs multiples enfants, les mères prévoyantes et sages qui font régner autour d'elles l'économie et la vertu et qui mettent la simplicité à la mode au lieu du luxe. Mais ne sont-elles pas plus nombreuses les tristes victimes des mœurs du siècle, qui mettent au-dessus de tout, au-dessus de la conscience et du devoir, au-dessus de la raison et de la foi, le désir insensé de paraître, les questions de vanité, les parures coûteuses, et qui asservies par de telles aberrations empêchent les foyers de se fonder ou de se peupler? On veut paraître à tout prix, on veut censément soutenir son rang et comme il faut choisir entre les enfants qui coûtent cher et le luxe qui coûte non moins cher, comme on ne peut suffire aux deux dépenses à la fois, on se soumet aux exigences du luxe plutôt que d'accepter les charges d'une nombreuse famille. « Dans les campagnes aussi bien que dans les villes, écrit M. R. Bazin, le faux luxe a pénétré profondément. Je ne crois pas que la guerre nous guérisse de ce travers. Il tient à trop de causes. Rien n'est moins simple, au fond, que la simplicité de la vie. Elle suppose du sens commun, de la mesure, un certain détachement de soi-même, le souci du bien familial, le mépris du qu'en-dira-t-on, la force du renoncement : toutes qualités de premier ordre, que l'éducation, depuis longtemps, n'a pas favorisées. Voyez cette jolie lettre que m'écrit la femme d'un employé de chemin de fer : « Je ne suis plus une jeune femme ; je me suis mariée à vingt ans, mon mari en avait trente et gagnait 2.000 francs par an. Nous avons quatre enfants vivants. Maintenant il gagne le double. C'est vous dire que j'ai là une lourde charge. Je donne à ma famille une nourriture saine, mais commune ; nous sommes habillés convenablement, mais sans luxe, et je me donne souvent bien du mal pour tirer parti de tout, moi-même. » C'est le langage du bon sens, du bonheur, du courage ; ce n'est pas celui de la m. .e. Il faudra du temps et un grand Ministre de l'Instruction publique et *un peu de ciel dans les âmes*, pour qu'on entende beaucoup de mamans dire, comme celle-là : Je ravaude, je cuisine, je brosse, je peine, je me dépense pour tout mon petit monde..., et je suis heureuse. »

*
* *

On veut amasser coûte que coûte. On veut paraître à tout prix. Et enfin *on veut jouir* à outrance. Or la jouissance immodérée ne peut aboutir qu'à la dépopulation et à la mort. Les nations meurent toujours de la même manière. Un jour vient où, la prospérité ayant amolli les âmes et relâché les mœurs, les hommes par amour effréné du plaisir fuient les gloires et les responsabilités de la paternité. Ou ils ne se marient plus, ou les foyers restent stériles. Entrons ici dans quelques détails et mettons le doigt sur certaines plaies purulentes par lesquelles s'échappe le sang généreux de la race.

Voici d'abord *l'alcoolisme*. La France est le pays du monde où se boit le plus d'absinthe. A la veille de la guerre nous avions près de 500.000 débits de boisson, c'est-à-dire un débit pour 80 Français. En

1830, chaque Français consommait en moyenne 2 litres d'eau-de-vie ; en 1860, 8 litres ; à la veille de la guerre, près de 12. Or nous ne pouvons pas ignorer que l'alcool pourrit la race au physique et au moral. Un médecin, le docteur Legrain, a pu écrire en toute vérité cette terrible sentence : « Un peuple alcoolisé, en somme, est un peuple en voie de disparaître. » C'est, en effet, un peuple condamné au rachitisme, à la folie, à la criminalité, à la stérilité. Je sais bien que l'on prétend que l'alcoolisme ne nuit pas à la natalité et qu'au contraire il la favorise. « Oui, mais en jetant dans la famille française une graine gâtée, condamnée d'avance à périr à peine éclose, ou à ne vivre que pour multiplier le crétinisme, la démence et le crime. Ce n'est qu'au foyer sobre, continue M. H. Lavedan, au foyer pur et sain que naîtra l'enfant robuste de corps, d'esprit et d'âme, capable et digne d'être père. L'alcoolisme ronge, dégrade et tue ceux qu'il touche : il faut tuer l'alcoolisme. » Que si, en effet, l'alcoolisme ne produit pas la stérilité immédiate, il la prépare inévitable pour les générations issues d'un père alcoolique. Il n'empêche pas seulement de vivre, il empêche encore de naître. Il use en quelque sorte la nation par les deux bouts, en augmentant aujourd'hui la mortalité et en diminuant pour demain la natalité (1).

(1) L'excellente *Revue des Jeunes* du 10 avril 1917 vient de nous donner un article de M. Victor Giraud sous le titre de : *La France de demain*. L'éminent écrivain étudie dans cet article nos plaies sociales : « Les deux questions, dit-il, de la dépopulation et de l'alcoolisme sont étroitement unies, et l'alcool, comme l'on sait, ne se borne pas à peupler nos hôpitaux et nos hospices d'aliénés, à multiplier la tuber-

Une cause de dépopulation par abus de la jouissance et une cause bien autrement active que l'alcoolisme est *la débauche, la volupté, la luxure.* Voyez-vous cette plaie de la prostitution dont il n'est presque jamais fait mention dans les innombrables études sur la question de la natalité, et dont l'action cependant est formidable dans le sens de la stérilisation de la race ? Par suite de cette horrible plaie que de mariages retardés et par conséquent que de naissances supprimées ! Par suite de cette horrible plaie que de célibats honteux et abjects qui évitent les charges de la vie conjugale dont ils se procurent illicitement les satisfactions ! Par suite de cette horrible plaie que de ménages contaminés, avariés, stérilisés ! Par suite de cette horrible plaie que de jeunesses à jamais perdues non seulement pour la vertu et la religion, mais pour la patrie et pour la race !

Voyez-vous cet adolescent, ce jeune homme qui

culose ; il tarit la natalité. Les régions les plus infestées d'alcoolisme sont aussi celles qui se dépeuplent le plus rapidement. Dans l'Orne, la population a diminué de 80.000 habitants et, dans la Manche, de 75.000 en vingt-cinq ans. Pendant cette même période, la Normandie tout entière, autrefois si florissante, a diminué de 200.000 âmes. L'autorité militaire estime que l'alcoolisme fait perdre à la France un corps d'armée chaque année. Si nous avions eu, à Charleroi, tous les soldats que l'alcool nous a enlevés, nous n'aurions peut-être pas été battus, la France n'aurait probablement pas été envahie ; et, qui sait ? peut-être même n'aurait-on pas osé l'attaquer... Un ministre courageux voudra-t-il enfin sauver le pays en décrétant la suppression de l'alcool de consommation ? Si cette réforme essentielle ne se fait pas avant la fin de la guerre, il est à craindre qu'elle ne se fasse jamais, ou du moins qu'elle ne soit de plus en plus difficile... »

passe devant vous avec des yeux hagards et noyés dans l'ombre, avec une pâleur mortelle sur le visage, avec un épuisement vital qui fait pitié? C'est une fleur qui vient presque d'éclore et qui certainement ne donnera pas de fruits; elle ne se reproduira pas, car elle a livré au vent tous ses germes et tous ses trésors; vous la verrez languir en plein midi, tomber avant le soir, joncher de ses débris impurs la terre où elle devait croître et grandir, entourée, comme d'une couronne de gloire, par les rejetons de sa force et de sa beauté. Oh! les malheureux jeunes gens! Ce n'est pas seulement leur patrimoine qu'ils dissipent, c'est celui de l'humanité. Le sang qui coule dans leurs veines, ils ne l'ont reçu que pour le transmettre. Ils avaient un foyer à fonder... Hélas! ils ont perdu les sources de la vie. Ils meurent avant l'âge, ou s'ils aspirent aux honneurs de la paternité, s'ils affrontent les responsabilités du mariage, c'est plutôt un tombeau qu'ils creusent qu'une maison qu'ils édifient.

Du haut de la chaire de Notre-Dame de Paris, en 1887, le P. Monsabré disait : « Dès l'âge de dix-neuf ans, nos jeunes gens n'ignorent rien des secrets de la débauche. Ils ont rencontré la fille de perdition... et n'ayant point à redouter le mépris d'un monde libertin qui pardonne volontiers les péchés de jeunesse, ils se sont livrés aux plaisirs des sens, jusqu'à corrompre, jusqu'à épuiser en eux les sources de la vie. Ils ne s'inquiètent pas de l'avenir. Quand ils auront été rassasiés des voluptés d'une vie licencieuse, ils sont sûrs de rencontrer des parents complaisants qui leur donneront l'absolution du passé. Ils n'auront qu'à dire : c'est fini, je me range, et on leur livrera une jeune fille de vingt ans, innocente peut-être, mais victime inconsciente des raffinements de la civilisation : anémiée, chlorosée par une vie molle et sensuelle, déformée, mutilée, atrophiée par des modes meurtrières, être délicat et fragile pour lequel la maternité devient un supplice, quand ce n'est pas une catastrophe. Et avec de pareilles unions on s'étonnerait qu'il y eût des foyers déserts ? Et s'ils ne sont pas frappés d'impuissance, les malheureux que la débauche, la mollesse, la mondanité ont en quelque sorte excommuniés, peuvent-ils en s'associant à l'œuvre créatrice de Dieu, donner à leurs enfants une santé qu'ils n'ont plus et tirer de leurs entrailles malsaines autre chose qu'une race infirme, rachitique et défaillante ? » Dans la même chaire de Notre-Dame, quarante-trois ans avant le P. Monsabré, le P. Lacordaire tenait le même langage et s'écriait devant ses auditeurs frémissants : « Je vois bien des jeunes gens ici ; qu'ils songent donc, chaque fois que le tentateur s'attaque à eux, que c'est l'ennemi de la vie, de la beauté, de la bonté, de la force, de la gloire, que c'est l'ennemi universel et *national*. Eh ! Messieurs, si un Tartare venait frapper à votre porte et vous demander une trahison contre la France, quelle ne serait pas votre horreur ! Pourtant le sens dépravé ne fait pas autre chose ; le sang qu'il vous demande, ne fût-il pas celui de l'éternité, serait encore le sang de la patrie et de l'avenir ! »

Aucun homme sincère ne trouvera à redire à ces éloquentes paroles. L'avenir de la race est dans la jeunesse. Or, une jeunesse sans mœurs n'arrive souvent à la virilité qu'épuisée et stérile. L'art de garder la vie et de la transmettre n'est pas autre chose que l'art d'être sage. Vainement vous multiplierez, avec toute la sollicitude imaginable, les précautions de l'hygiène publique et privée ; vainement vous ferez appel à toutes les habiletés et à tous les dévouements de la science médicale. C'est la vertu surtout qu'il faudrait mettre en honneur. Là est le secret de la vie, le secret de la durée, le secret de la vigueur physique, le secret de la fécondité et de la pérennité de la race. La vitalité matérielle d'un peuple diminue toujours en même temps que sa vitalité morale. Le nombre des naissances baisse ; le vice y est pour beaucoup. La perversion des mœurs est une cause redoutable de dépopulation. Et ce n'est pas être utopique ni mystique que de dire ici, avec le journal *Le Temps* du 4 janvier dernier : « L'heure de l'apéritif, l'heure du malthusianisme, l'heure du théâtre pornographique sont autant d'heures à rayer de gré ou de force de notre cadran. »

CHAPITRE VI

Le Fléau de la Dépopulation
Ses causes

3° La perversion des consciences.

VI

Le Fléau de la Dépopulation

Ses causes

3° La perversion des consciences.

Le fléau de la dépopulation a une cause secondaire, qui est la perversion des lois, et une cause apparente, extérieure et visible, qui s'appelle la perversion des mœurs. Mais il a surtout une cause secrète, profonde, qu'il faut avoir le courage d'appeler la perversion des consciences.

La race française est toujours magnifiquement prolifique : témoin, le Canada qui a le même sang que nous et beaucoup d'enfants ; témoins, certains coins privilégiés de chez nous où les familles demeurent nombreuses. Si les Français n'ont pas d'enfants, c'est, en général, parce qu'ils ne veulent pas en avoir. La vraie cause du mal est là, dans la volonté, dans ce que Le Play appelait la « stérilité volontaire des mariages ». En juillet 1916, dans son rapport au Congrès de « La plus grande Famille », M. Auguste Isaac, président honoraire de la Chambre de Commerce de Lyon, déclarait : « Trop nombreux sont ceux de nos concitoyens qui cherchent des excuses élégantes et des explications spécieuses. C'est la supériorité de notre civilisation qui diminue notre natalité, c'est notre mortalité infantile qui est excessive, notre hygiène défectueuse, notre travail cérébral trop intensif. Sans contester une faible part de vérité à ces circonstances atténuantes, vous voudrez bien reconnaître que là n'est pas le fond de la question. La faiblesse de notre natalité est *affaire de volonté et pas autre chose.* » Les deux professeurs, Pinard et Charles Richet, déclarent de leur côté : « Un ménage qui a un enfant peut, dans la grande majorité des cas, en avoir d'autres. Presque toujours, s'il ne les a pas, c'est qu'il ne veut pas les avoir. » Sans doute les lois de la vie sont mystérieuses et comportent des exceptions, des dérogations indéniables, et en présence d'un foyer plus ou moins désert nous n'avons jamais le droit de juger et de dire : Cette stérilité est volontaire. Mais devant cent foyers vides ou à peu près vides, nous pouvons dire sans témérité : Il y en a 90 qui ne veulent pas faire leur devoir.

La plaie mortelle de la famille contemporaine réside généralement dans la volonté, dans les âmes, dans les consciences qui sont égarées, oblitérées, disons le mot, perverties par une fausse conception de la vie, par une fausse conception du mariage, quelquefois même par une fausse conception de la religion.

Il est malheureusement certain que beaucoup de consciences sont désorientées, viciées et perverties par *une fausse conception de la vie.*

On peut voir dans la vie présente l'exécution d'un programme imposé par Dieu à sa créature libre et la préparation laborieuse à une vie future. Et l'on peut y voir une courte et fugitive période de jouissance sans contrôle, qui aboutira demain au néant. Dans la première conception, la vie présente est un noble Devoir, accompagné de sacrifices ici-bas et suivi de sanctions dans l'Au-delà. Avec la seconde conception, la vie présente est une partie de plaisir, pendant laquelle on poursuit le mieux-être à l'aide du moindre effort, et le reste ne compte pas, n'existe pas. Dans le premier cas, on accepte des obligations qui peuvent aller jusqu'à l'immolation du moi ; dans le second cas, on pousse le culte du moi jusqu'à repousser toutes les exigences de la religion, de la famille et de la patrie et l'on pratique la philosophie à la mode, dont le principe premier est qu'il faut *vivre sa vie.*

Rien de plus pernicieux que ce principe de la jouissance immédiate et maximale. Les sociétés déclinent rapidement et vont à la chute définitive quand elles ne pensent et ne s'occupent qu'à jouir. C'est par le chemin des plaisirs grossiers ou raffinés que la civilisation païenne est allée directement à la mort. Rien de grand, rien de durable ne se fait sans le sacrifice. Notre belle civilisation chrétienne est née du sang d'un Dieu et a grandi dans le sang des martyrs. « Cette puissance régénératrice du sacrifice, qui n'y croirait, écrit M. Joseph Guiraud, maintenant que nous en avons tous les jours sous les yeux la preuve éloquente? Notre pays semblait hier s'incliner vers une déchéance qui réjouissait ses ennemis ; maintenant il a retrouvé une vitalité qui les déconcerte. La recherche des plaisirs l'atrophiait ; l'acceptation virile du sacrifice le transfigure. Que de Français se montraient hier encore égoïstes, haineux et lâches, parce que la soif de la jouissance les possédait, et sont devenus aujourd'hui généreux et héroïques, parce que le sacrifice s'est dressé devant eux et qu'ils l'ont résolument embrassé ! »

Et M. Guiraud, faisant aussitôt l'application de cette doctrine à la famille, continue : « La famille n'est pas soumise à d'autres lois que les sociétés et les individus. C'est dans l'effort qu'elle grandit et puise sa prospérité matérielle et morale ; c'est dans la mollesse qu'elle s'anémie et disparaît. Lorsque des parents chrétiens sont bien convaincus de cette vertu et de cette fécondité du sacrifice, ils ne craignent plus les soucis, les responsabilités et les travaux qu'impose une nombreuse famille ; ils trouvent une austère joie à les accepter, en songeant qu'à ce prix ils accomplissent une œuvre durable et féconde, bénie de Dieu qui l'inspire et de la patrie dont elle assure la force et la grandeur. »

Voilà donc deux écoles en présence l'une de l'autre : l'école de la jouissance et l'école du sacrifice. A l'école chrétienne du sacrifice, on apprend la conception vraie de la vie présente, qui consiste à régler les passions selon la loi de Dieu et selon les sanctions de la vie future, et l'on accepte dans le mariage tous les devoirs pénibles qui méritent la bénédiction divine promise aux familles nombreuses. A l'école païenne de la jouissance, on se fait une conception fausse de la vie présente, qui consiste à prendre ses passions pour règle suprême et l'on repousse dans le mariage toutes les obligations gênantes qui multiplient les soucis et les peines avec la multiplication des enfants. « C'est une conception de l'existence qui est à réformer, disait à Notre-Dame de Paris, en 1884, Mgr d'Hulst.

On veut jouir pour soi, on veut transmettre la jouissance avec la vie ; on aime mieux tarir la vie que restreindre sa propre jouissance ou celle de ces êtres qu'on aime d'une tendresse aveugle et basse. Là est le mal... (1) » Des nombreuses causes de dépopulation, la plus grande, on pourrait dire la source de toutes, est un trouble profond dans la manière de concevoir la vie et de prétendre la réaliser.

***

Les consciences ne se comptent pas qui sont égarées et perverties par une fausse conception de la vie et conséquemment par *une fausse conception du mariage*. On leur a dit : « Il y a deux choses dans le mariage : le plaisir et la peine. Prenez le plaisir et laissez la peine. Cherchez la jouissance et écartez le fardeau. Ce qui assurément cause le plus de charges et de soucis aux gens mariés, n'est-ce pas une nombreuse famille ? Vous surtout qui avez un

(1) Cette année même, le mercredi saint, dans l'église de Notre-Dame de Paris, le R. P. Janvier a signalé cette fausse conception de la vie, qui s'inspire de *la Prudence de la chair*, directement opposée à la Sagesse chrétienne. « Lorsque la prudence de la chair, dit-il, décide de tout dans un foyer, en quel état tombe la famille ! Cette sagesse maudite défend au mari et à la femme d'avoir beaucoup d'enfants, car de nombreuses maternités pourraient enlever à la femme sa vigueur et sa beauté, car le mari devrait se condamner longtemps à un travail pénible pour nourrir sa postérité, car celle-ci serait obligée, si elle se composait de plusieurs membres, de se contenter d'une condition médiocre, de préparer elle-même son avenir par des études, par des efforts, comme si une de nos meilleures gloires n'était pas de manger notre pain à la sueur de notre front. »

maigre ou même un moyen budget, que de sacrifices à subir s'il vous survient beaucoup d'enfants ! Ayez-en un, deux tout au plus... » Et pour excuser et justifier cette morale abjecte, férocement égoïste, on leur a dit encore : « Agissez ainsi dans l'intérêt même de votre postérité. Ce n'est pas de vous seulement, mais d'elle aussi que vous éloignerez de la sorte la gêne et peut-être la misère. » Telle est la philosophie du mariage qui est écrite dans beaucoup de romans, qui se chuchote dans beaucoup de conversations, qui envahit beaucoup de cervelles et qui est acceptée mieux que parole d'Évangile par beaucoup de consciences.

Dans tous les milieux sociaux, que de jeunes filles, même convenablement élevées, se préparent au mariage conformément au programme démoralisant que nous venons d'esquisser ! Entendez-les parler à mi-voix et souvent tout haut. Avec une belle désinvolture elles déclarent à l'avance qu'elles restreindront soigneusement les charges de la maternité et, sans presque soupçonner l'énormité de tels propos, elles répètent tranquillement les idées malsaines qui sont en vogue au détriment de la famille nombreuse. Leur rêve est de se marier pour jouir, et non pour donner des enfants à Dieu et des citoyens à la France.

Et de fait, que de gens organisent ainsi leur vie matrimoniale sans émoi, sinon sans remords ! « Dieu, dit le P. Monsabré, les a remplis de vie et ils pourraient s'entourer d'une nombreuse famille ; mais ils se défient de la Providence, ils ont peur de la gêne, ils ont résolu de se reposer et de jouir de bonne heure ; ils ne veulent pas être troublés dans leur repos et dans leur jouissance par les sollicitudes, les labeurs et les privations que nécessite un surcroît de famille ; ils ont rêvé de transmettre à un unique enfant, à deux tout au plus, la fortune dont ils sont fiers. Ils disent donc à la vie : Tu viendras jusqu'ici, tu n'iras pas plus loin... Pour s'épargner les soucis et les embarras de la paternité, sans se priver d'une jouissance, l'homme a recours à des artifices inconnus de la bête ; en outrageant la loi de Dieu, il maltraite la conscience de sa tremblante compagne, s'il ne parvient pas à l'endormir par je ne sais quels mensonges et à la rendre complice de son impiété... »

D'ailleurs la plupart du temps les conjoints partagent et professent les mêmes idées sur la vie matrimoniale. Il est bien entendu entre eux que les enfants ne tiendront dans leur ménage qu'une place très restreinte. Pourquoi, en pleine jeunesse, renoncer au plaisir, à l'indépendance, à la fantaisie et à quoi bon s'imposer les charges et les soucis dont sont fatalement accablés les parents qui ont beaucoup d'enfants ? Et puis ces enfants, comment les élever, les établir, leur assurer à chacun une honorable aisance, quand on a déjà de la peine à joindre les deux bouts ? Et enfin l'homme et la femme ne sont-ils pas libres de leur corps, maîtres de se soustraire aux lois naturelles et, sans se sacrifier eux-mêmes, d'arrêter la propagation de la vie ? C'est par ces beaux raisonnements qu'on en vient à ériger en devoir la limitation de la paternité et à considérer comme normal le système des berceaux vides.

Beaucoup de consciences ont une fausse conception du mariage. On part de cette idée qu'on se marie pour jouir de la vie et ce que l'on cherche avant tout et à l'exclusion du reste dans le mariage, c'est la satisfaction de ce désir de jouissance qui anime la nature humaine laissée à elle-même. De ce faux point de départ découle logiquement toute la suite des raisonnements qui stérilisent les mariages et dépeuplent les foyers.

***

Il est vrai que sur ce chapitre de la fécondité familiale la loi religieuse est précise, impérieuse, inflexible. Mais quelquefois on refuse de l'entendre ou du moins de la comprendre, et certaines consciences, même catholiques, sont déformées et perverties par *une fausse conception de la religion.*

La Religion a une doctrine sur la vie humaine et sur la vie conjugale. Elle enseigne que la vie présente n'est pas une partie de plaisir sans direction et sans lendemain, mais un grand et noble devoir imposé, contrôlé et sanctionné par Dieu. Elle enseigne que la vie dans le mariage n'a pas pour but la jouissance des conjoints, mais la procréation et la multiplication des enfants. Elle enseigne que les actes qui propagent la vie ne peuvent être accomplis que dans l'état de mariage ; — que ces actes qui propagent la vie, les deux êtres mariés se les doivent l'un à l'autre ; — qu'ils peuvent s'en abstenir d'un commun accord et en vue d'un intérêt supérieur ; — mais qu'en aucun cas et pour aucun motif il ne leur est permis de les fausser volontairement et de les détourner de leurs conséquences normales. En cette matière si délicate et si sainte, l'enseignement religieux est d'une rigueur inexorable et le devoir des catholiques est de se pénétrer de cet enseignement, de le mettre en pratique et de le faire rayonner autour d'eux.

Toutes les consciences, cependant, ne sont pas ici suffisamment éclairées. Même parmi les catholiques croyants et pratiquants les consciences faussées se rencontrent assez fréquemment. Il serait puéril de le nier. Notons seulement quelques indices qui trahissent l'altération, en beaucoup d'esprits, de la morale chrétienne familiale.

Trop de catholiques s'étonnent et même se scandalisent quand ils entendent aborder en chaire ou ailleurs, par le prêtre, la question de la vie conjugale, dont ils semblent ne pas se douter qu'elle regarde au premier chef l'Eglise, gardienne de la morale. A leurs yeux de deux choses l'une : ou le mariage n'est pas une question d'ordre moral, ou l'ordre moral est complètement indépendant de la loi religieuse. Les deux préjugés se valent, c'est-à-dire qu'ils ne valent rien, qu'ils sont également faux et manifestement erronés.

Trop de catholiques sont tout aussi imbus que les incroyants d'habitudes et de sentiments indirectement hostiles à la fécondité des foyers. Par exemple, ils refusent de louer aux ménages pourvus d'enfants et ils s'informent avec soin, avant d'engager un ménage de garde-chasse, de jardiniers, de domestiques, s'il y a des enfants.

Trop de catholiques cèdent comme les autres soit au préjugé du snobisme qui restreint la natalité parce qu'il dédaigne sottement beaucoup de manières honorables de gagner de l'argent, soit au préjugé du rang à tenir par le moyen de la grosse dot et du fils ou de la fille unique.

Trop de catholiques limitent outrageusement leur paternité *par défaut de religion sérieuse.* Quand la religion est sérieuse, profonde, vitale, elle atteint les âmes, les vouloirs, les actes et particulièrement les facultés qui président à l'éclosion et à l'épanouissement de la vie ; elle pénètre jusqu'à l'intime des individus qu'elle arrache en quelque sorte à eux-mêmes pour les soumettre tout entiers à la loi de Dieu ; et elle fait des semeurs de vie en faisant des croyants et des saints. Témoin le général de Sonis qui bénissait Dieu d'ajouter une fois de plus — il eut douze enfants — à ses sollicitudes de père. « Tu vois, écrivait-il à un ami, tu vois que j ai grandement besoin de croire que Dieu bénit les nombreuses familles... Toutes mes pensées sont concentrées sur l'avenir de mes enfants. Je ne sais ce qu'ils deviendront. Je crois fermement que Dieu leur donnera du pain... » Témoin cet autre père de famille qui comptait déjà à son foyer sept garçons et cinq filles et qui me disait un jour : « Pourvu que mes enfants aient une vie honnête et fassent leur salut, je me tiendrai pour satisfait. » Avec une vraie religion, la racine familiale est saine et sainte et la tige se charge spontanément de rameaux verdoyants.

Mais souvent, hélas ! la religion mal comprise et mal pratiquée n'est qu'une religiosité purement extérieure, un sentiment sans efficacité, une convention qui règle les attitudes et non les pensées, les déterminations et les actes. Certains ménages, censément chrétiens, n'admettent ni l'esprit de sacrifice, ni la nécessité de la lutte morale, ni la portée éternelle des épreuves du temps, ni la haine du péché, ni les exigences de l'état de grâce. Pour eux, la religion n'est pas plus l'Autorité qui gouverne que la Source d'énergie où s'abreuve le devoir. Chez eux, la religion n'est pas une maîtresse de vie ; tout, à leur foyer, s'ordonne en dehors d'elle et même à l'encontre ; le domaine surtout des relations conjugales lui demeure jalousement interdit. Victimes d'une illusion déplorable, ils font coïncider la pratique religieuse avec le système des berceaux vides, et, remisé dans un coin de leur cerveau, l'Évangile ne vivifie ni leurs âmes sans vigueur ni leur foyer sans enfants.

Le fléau de la dépopulation a sa source principale dans les consciences qui sont égarées et perverties par une fausse conception de la vie, par une fausse conception du mariage, quelquefois même par une fausse conception de la religion. Il faut donc remettre les consciences en place, c'est-à-dire les ramener aux éternels principes qui ont pour mission de régler la conduite humaine. Il faut créer un nouvel état d'esprit. C'est une grande œuvre d'éducation et réformation morale à entreprendre sans retard.

Sachons bien que c'est la conscience qui mène les hommes et que par conséquent c'est elle qui doit être éclairée, instruite, correctement formée, exercée à agir.

Sachons en outre que la conscience trouve sa lumière et sa force principale dans le christianisme et que, par conséquent, pour redresser et viriliser les consciences, il importe surtout de les christianiser.

Sachons enfin que le fléau de la dépopulation n'est pas un fléau quelconque, mais un fléau terrible, sans cesse actionné et accru par la soif de jouir, par l'égoïsme brutal, par l'accoutumance, par le préjugé, souvent même par la législation, et qu'il ne sera pas vaincu par une religion quelconque, purement sentimentale et cultuelle. Aux consciences malades, désorientées et perverties, ayons soin de donner une religion sérieuse, foncière, vitale, la religion vraie qui prend l'homme tout entier, le saisit jusque dans les replis les plus intimes de sa vie spirituelle et morale pour le soumettre et le conformer, corps et âme, époux, père et citoyen, à la Loi divine !

CHAPITRE VII

Le Fléau de la Dépopulation
Ses remèdes

1° La Législation.

VII

Le Fléau de la Dépopulation
Ses remèdes

1° La Législation.

Nous avons déjà parlé longuement du fléau de la dépopulation. Nous en avons dit les conséquences et les causes. Mais il ne suffit pas de signaler le mal. Il faut essayer d'en indiquer les remèdes. Et nous abordons maintenant cette nouvelle face de notre sujet.

Pour réagir contre l'abaissement de la natalité française, il est nécessaire de faire appel aux trois grandes forces de la Législation, de l'Opinion et de la Religion. La Législation d'abord. Elle ne peut pas tout faire, mais elle peut et doit faire beaucoup. Elle n'est pas le remède unique, elle n'est pas même le remède principal, elle est cependant un remède important. Ayons une meilleure législation et nous aurons chance de voir les mœurs s'améliorer; le fléau de la dépopulation ne sera pas tari, mais il sera amoindri et endigué. En principe, la Législation doit se préoccuper des familles nombreuses; en fait, elle doit les encourager et les assister. Nous entrons dans une question qui est très vaste; nous avons la modeste prétention d'en explorer seulement quelques sentiers.

***

Et d'abord la Législation doit *se préoccuper des familles nombreuses* qui sont si utiles à la société et si méritantes. « Jamais, dit excellemment M. Etienne Lamy, jamais ne sera trop combattue la pire des avarices, l'avarice de ceux qui gardent en eux et refusent de donner le plus inestimable des biens : la vie. Jamais il n'y aura trop de récompenses pour les meilleurs des prodigues, les pères et les mères qui ne comptent pas leurs enfants. » Quoi? Des récompenses pour les pères et les mères qui font leur devoir? Pourquoi pas? Sans doute le devoir est le devoir et il oblige par lui-même indépendamment des avantages ou des inconvénients qu'il entraine. Mais, si l'on veut que la voix du devoir soit entendue de beaucoup, encore faut-il qu'elle ne soit pas contredite et couverte par la voix de l'intérêt et que l'on rende ce devoir le moins difficile possible.

Qui donc interviendra en faveur des pères et des mères? Qui les aidera à faire leur devoir? Qui, sinon l'État, au moyen de sa Législation? En effet, si le citoyen a le devoir d'être père de famille, l'État a des devoirs envers la famille sans laquelle il n'existerait pas. La famille nombreuse doit avoir la possibilité de vivre et de vivre sans déchoir. L'État doit lui assurer, lui faciliter l'existence ; il doit non par faveur, mais par stricte justice, rétablir l'équilibre au profit du père de famille, rembourser en quelque sorte l'avance que ce père de famille lui fait en lui donnant, à ses propres frais, les citoyens, les travailleurs, les soldats, les prêtres de demain et d'après-demain. En protégeant la famille nombreuse, l'Etat ne fait que payer sa dette.

Et il est d'autant plus désirable et plus juste d'améliorer la condition des familles nombreuses, que ce sont elles qui ont supporté la plus large part des sacrifices de la guerre. Elles ont donné à la patrie beaucoup plus de soldats et elles comptent un beaucoup plus grand nombre de leurs enfants tombés au champ d'honneur. Se préoccuper des familles nombreuses et les aider, c'est une dette de justice et de reconnaissance, et c'est en même temps le moyen d'encourager la multiplication à l'avenir de ces familles dont le pays ne peut pas se passer.

Dans une conférence faite en février dernier, M. Charles Chenu, ancien bâtonnier, invite la bourgeoisie à faire son examen de conscience sur le passé et son examen de prévoyance pour l'avenir. Quant au passé, il veut que la bourgeoisie « se demande si elle a eu de la politique intérieure une intelligence heureuse, quand, pour le choix de ses représentants, elle s'est entièrement désintéressée de la politique étrangère et de l'état de nos armements et ne s'est passionnée que pour nos querelles intestines : d'où cette conséquence que ses mandataires, fidèles au programme sur lequel ils étaient élus, ont, pendant des années, recherché le moyen de faire sortir de France les congrégations, plutôt que celui d'empêcher les Allemands d'y entrer ». Puis, envisageant l'avenir, M. Chenu continue en ces termes : « Vous, bourgeois, qui fournissez à notre démocratie la majorité de ses représentants, ne vous laissez pas devancer dans l'initiative des réformes nécessaires. Mettez-vous à la tête du mouvement qui nous entraînera vers la revision salutaire et juste des lois fiscales, successorales, électorales. Soyez des premiers à proclamer qu'il serait scandaleux de traiter de même dans les budgets futurs la famille nombreuse, le ménage sans enfants et le célibataire, et que cette égalité apparente est la plus monstrueuse des inégalités. Soyez unanimes à reconnaître que le père de famille qui fournit à la patrie la contribution de la chair et du sang a plus de droits à la direction de la république que celui qui, bon Français d'ailleurs et bon citoyen, n'a pas participé à cette offrande. Les familles nombreuses ont sauvé la France, faites-leur dans la vie de la nation la place qu'elles ont si chèrement achetée et accordez au père de famille le juste avantage du vote plural. Répandez ces vérités, criez-les sans cesse et toujours plus fort... »

***

La Législation doit donc *encourager les familles nombreuses* par des garanties et des réformes fiscales, successorales, électorales.

Au point de vue fiscal, il faudrait alléger l'impôt d'argent et l'impôt du sang pour les familles nombreuses et réduire ce double impôt en proportion du nombre des enfants. La répartition actuelle des contributions met à l'amende les familles nombreuses; plus elles ont d'enfants et plus les charges fiscales (douane, octroi, impôt mobilier) sont lourdes pour elles. De même il est illogique, injuste et malfaisant de demander, en temps de paix, 15 années de service militaire à une famille vaillante qui a accepté d'élever 10 enfants, tandis qu'on se contente d'en réclamer 3 à une autre famille « prudente », qui a eu la précaution de ne transmettre la vie qu'à 2 enfants. L'impôt de l'argent et l'impôt du sang devrait être, autant que possible familial et non individuel ; dans les familles nombreuses, il serait alors partagé entre plusieurs, donc moins lourd, au lieu d'être comme maintenant multiplié par plusieurs, donc écrasant. Les parents qui élèvent une famille nombreuse ont le droit, non pas d'être exonérés de tout impôt, mais de bénéficier de dégrèvements compensatoires, proportionnels au nombre de leurs enfants.

Au point de vue successoral, « les lois qui règlent les successions doivent élargir notablement la liberté testamentaire », comme s'expriment les Publicistes chrétiens dans leur programme des *Réformes nécessaires*. La loi actuelle rend obligatoire l'émiettement de l'entreprise ou de la propriété paternelle. Le père fonde une industrie et meurt. Tout est vendu et partagé... Un fils a du courage et du talent; avec sa petite part du capital paternel, il fonde une autre maison, réussit, devient presque riche et meurt. Nouveau partage, nouvelle destruction, tout est à recommencer. Que fait le père de famille pour échapper à la crainte de voir sa fortune s'émietter après sa mort? Il n'a qu'un seul et unique héritier. Nos lois successorales sont donc mauvaises. Elles tuent la natalité. D'où la nécessité de modifier la législation successorale par élargissement de la liberté testamentaire et par constitution légale et permanente d'un bien de famille soustrait aux partages. M. R. Bazin cite cette lettre à lui écrite par un paysan de la Haute-Loire : « Dans une bonne partie de la Haute-Loire et de la Lozère, les enfants sont aussi nombreux qu'il y a cent ans. La foi en est la cause, et aussi le droit d'aînesse (c'est-à-dire la conservation du bien par l'aîné), qui n'a pas été aboli chez nous, malgré toutes nos révolutions. Tout paysan tient à transmettre son petit domaine intact, sans pour cela léser les autres enfants. Et pour cela, sa vie durant, aidé de son aîné, il travaille à doter les cadets ; mais le nid, d'où se sont envolées de si nombreuses nichées, passe de génération en génération sans changer de nom ni subir la moindre cassure. » La loi n'aurait qu'à codifier, à régulariser, à ratifier cet usage.

Enfin, au point de vue politique et électoral, ne serait-il pas normal et juste d'encourager et d'avantager les familles nombreuses, en donnant aux pères de famille autant de voix qu'ils ont d'enfants mineurs ? Tous les êtres humains sont égaux devant la loi, et puisque la loi s'impose à tous les âges, que chaque âge contribue à la faire et que les pères votent pour leurs enfants qui ne peuvent pas voter. Qu'on se fasse respecter en raison du nombre de bulletins qu'on traîne après soi ! « Comment te nommes-tu ? » dit le législateur au père de 12 enfants : « Je m'appelle « Un », répond celui-ci. Le législateur tourne le dos en haussant les épaules. Que le père puisse répondre : « Je m'appelle 14 », et le législateur, courbant l'échine, lui tirera un grand coup de chapeau. Le père de famille deviendrait ainsi le maître de la France. Le vote familial et plural est essentiellement démocratique et réaliserait un suffrage vraiment universel. Cette réforme nous semble capitale. Rien ne montrerait mieux l'importance qu'ont dans la cité les grandes familles. Rien n'agirait plus puissamment sur la mentalité générale.

Encore quelques mots sur cet inépuisable sujet. Le législateur doit *assister les familles nombreuses*, surtout les familles semi-bourgeoises et populaires et plus particulièrement les familles gênées, indigentes, nécessiteuses.

Que l'État, les grandes administrations, les municipalités, réservent un certain nombre d'emplois aux chefs de familles nombreuses. Que des bourses d'études soient accordées de plein droit aux enfants de familles nombreuses, et utilisables dans l'établissement d'éducation choisi par les parents. Que les faveurs de l'État, telles que bureaux de tabac, emplois civils des anciens militaires, etc... soient assurées aux familles nombreuses et que l'attribution de ces faveurs ne soit pas abandonnée aux caprices de la politique, mais qu'elle soit décidée et déterminée par une loi et soustraite par conséquent aux compétitions d'un parti. Que les communes et les grandes administrations ne donnent qu'à des hommes ayant au moins 4 ou 5 enfants certains emplois modestes n'exigeant aucune capacité spéciale. Toutes ces mesures produiraient un grand effet moral en même temps qu'elles aideraient les familles nombreuses de préférence aux célibataires trop souvent favorisés.

Que les fonctionnaires soient moins nombreux et mieux payés et que leurs traitements comportent des allocations de famille, des indemnités de résidence, de déplacement, de cherté de vivres, proportionnelles au nombre d'enfants qui sont à leur charge. C'est ainsi qu'un conseil général prenait dernièrement les décisions suivantes : 1° Les augmentations de traitement au profit des cantonniers seront établies rigoureusement au prorata du nombre de leurs enfants ; 2° La répartition des sommes attribuées au personnel de la préfecture sera faite proportionnellement aux charges de famille... Les appointements des officiers et des fonctionnaires sont établis selon l'échelle des grades et des fonctions. C'est juste. Mais pour chaque grade et chaque fonction ne serait-il pas facile de faire varier ces appointements en raison des charges familiales ? Tant pour chaque galon, mais tant pour chaque enfant. Sans doute on pourrait voir tel sous-chef de bureau, père de 10 enfants, mieux rétribué que le préfet non marié, et tel capitaine, ayant à ses trousses une bande de futurs soldats, mieux payé que tel colonel célibataire. Pourquoi pas ?

Le logement est une question capitale pour les familles nombreuses. Tout le monde sait qu'à Paris il est très difficile à une famille quelque peu nombreuse de trouver à se loger à peu près suffisamment, même si elle est aisée ; si elle est pauvre, cela lui est impossible. Et cela n'est pas particulier à Paris. Partout les familles nombreuses sont extrêmement mal logées. Il est nécessaire que les familles nombreuses, celles de la moyenne et de la petite bourgeoisie, non moins que celles du peuple, puissent, dans le voisinage des lieux où le travail des parents les contraint d'habiter, trouver des logements satisfaisant aux conditions d'hygiène indispensables et à des prix qui ne sont pas prohibitifs. Il est donc nécessaire que l'État et les municipalités s'ingénient à trouver une solution satisfaisante à ce problème vital et qu'ils accordent des subventions importantes aux Sociétés de construction à bon marché, étant entendu que ces subventions seront réservées aux Sociétés qui justifieront que leurs immeubles, agencés à destination des familles nombreuses, sont, en fait, pour une proportion à déterminer, occupés par des familles nombreuses. La législation sur cette matière est d'ailleurs très touffue. Les lois abondent, se complétant les unes les autres. C'est à l'initiative privée d'étudier ces lois pour leur faire produire toutes les réalisations désirables. En ce qui concerne les logements salubres et à bon marché, la législation ne manque pas, ce sont les citoyens qui souvent ignorent la législation et plus souvent encore n'ont ni le courage ni même la pensée de l'appliquer.

Par exemple il faudrait connaître la loi du 14 juillet 1913 sur l'assistance aux familles nombreuses et nécessiteuses pour en faire bénéficier les intéressés. En vertu de cette loi, tout chef de famille, ayant à sa charge plus de trois enfants et dont les ressources sont insuffisantes pour les élever, reçoit une allocation incessible et insaisissable par enfant de moins de treize ans, au delà du troisième enfant. Le taux de cette allocation est fixé dans chaque commune par le conseil municipal et ne peut être inférieur à 60 francs ni supérieur à 90 francs. Cette législation est équitable et bienfaisante, et il faut souhaiter de la voir partout connue, comprise et mise en pratique.

***

Tout ce que nous venons de dire manquerait d'exactitude et de vérité, si nous n'ajoutions un mot sur *l'importance et l'insuffisance de la Législation* pour remédier au fléau de la dépopulation.

En présence de l'abaissement de la natalité française, les remèdes d'ordre législatif ne sont pas à dédaigner. Les législateurs et les économistes préconisent des réformes sociales et s'ingénient à trouver des moyens légaux d'encourager et de favoriser les familles nombreuses. Ils ont cent fois raison. Car pour que la loi morale soit observée, encore faut il que les institutions économiques, les lois n'en rendent pas l'exécution impossible ou par trop difficile. Il est certain que le christianisme ne peut produire tous ses fruits et exercer toute son efficacité sur les mœurs et sur les consciences, si les institutions et les lois civiles sont combinées de façon à dérouter tous les efforts et à inspirer l'héroïsme à dix millions d'hommes. La législation d'un peuple n'est point du tout indifférente ni étrangère à sa moralité et à sa prospérité. Il importe donc d'améliorer sans cesse la législation en faveur des familles nombreuses. C'est un moyen important et excellent de combattre le fléau de la dépopulation.

Mais sachons bien pourtant que la législation n'est pas tout et que les remèdes juridiques ne méritent qu'une confiance limitée. Malgré toutes les promesses et toutes les faveurs législatives, il restera toujours qu'une famille nombreuse est une lourde charge et qu'en général les moyens simplement humains ne suffiront pas à faire accepter une pareille charge. Il y faudra d'autres puissances, d'autres sanctions et d'autres attraits que les attraits, les sanctions et les puissances de la loi civile. « On ne repeuplera la France, écrit M. René Bazin, qu'en redressant tout d'abord les notions fausses de la conscience, en développant par l'enseignement, et pour tous, les vérités naturelles, et, si l'on veut assurer complètement cette renaissance et qu'elle soit à la fois rapide et pleine, il faudra de toute nécessité développer en France l'enseignement de vérités encore plus hautes. Le salut est là. Dernièrement je recevais communication de la lettre écrite par une jeune fille de la campagne beauceronne à une de ses parentes. Elle disait : « Je serai heureuse de peupler le ciel en élevant une nombreuse famille. Je ne veux pas être une femme inutile. Je me vois au milieu de tous mes petits anges, leur donnant à manger, raccommodant, nettoyant. J'aime beaucoup la vie de ferme. J'aurais beaucoup de peine s'il fallait un jour quitter nos grandes plaines de Beauce. » Et M. R. Bazin étonné, édifié, enthousiasmé, continue : « Oui, la Beauce, une Beauceronne ! Elevez des enfants comme fut élevée cette petite. Aidez les familles où il y a beaucoup d'enfants ; accordez-leur des exemptions d'impôts, des primes, des honneurs ; c'est un devoir auquel la France a manqué ; on y revient : tant mieux ! Mais, avant tout, faites des consciences et instruisez-les. Qu'elles connaissent la loi morale impérative. Notre race a été féconde, tant qu'elle fut ainsi guidée. Elle le redeviendra. Et il y aura des femmes et des hommes, et plus que vous ne le croyez, pour comprendre ces mots, familiers à tout peuple chrétien : « Multiplier les saints, ajouter des témoins à la gloire de Dieu. » C'est là une pensée sublime qui, plus sûrement que toutes les récompenses humaines, peut refaire les familles nombreuses. »

Nous ne saurions trop le redire. Le fléau de la dépopulation prend sa source dans la conscience. Or les lois s'arrêtent impuissantes sur le seuil de la conscience et ne pénètrent pas dans le for intérieur de l'homme. C'est donc inutilement que les législateurs tourneront et retourneront la mèche dans la lampe où brûle l'huile de la France. Si nous n'avons que la loi civile pour ressusciter la race qui fléchit, nous n'obtiendrons qu'une lueur de vitalité fugitive qui n'aura ni consistance ni durée. Les foyers se vident, la France se dépeuple. Ni lois, ni décrets, ni commissions d'enquête ne viendront seuls à bout du mal. Aucune force humaine n'y peut suffire. Il y faut celle de Dieu. Rendez Dieu à la France et vous lui rendrez la vie. Nous le verrons bientôt.

CHAPITRE VIII

Le Fléau de la Dépopulation
Ses remèdes

2° L'Opinion.

VIII

Le Fléau de la Dépopulation
Ses remèdes

3° L'Opinion.

La Législation ne peut pas tout en faveur du relèvement de la natalité et contre le fléau de la dépopulation. Le mal est dans les mœurs et dans les consciences et les lois sont inopérantes dans les consciences, peu efficaces sur les mœurs. Il est une puissance qui va plus loin que la législation et qu'on appelle la reine du monde parce que, semeuse d'idées, elle modifie la mentalité et les habitudes de la collectivité humaine. C'est l'Opinion.

Depuis bien longtemps l'opinion est hostile à la natalité. Dans les milieux aisés et mondains, dans les milieux ouvriers et paysans, elle fait campagne contre les familles nombreuses qu'elle tourne en ridicule, et elle traite d'imprévoyants, presque de « bénets » les gens qui ont beaucoup d'enfants. Entendez-vous les époux qui disent tout bas : « Il est de bon ton de n'avoir que deux ou trois enfants : que voulez-vous ? c'est la mode ! et l'on s'y conforme. » L'opinion a décrété que l'enfant était l'ennemi. Elle lui en veut avant, pendant et après sa naissance, et elle fait tout pour l'écarter. Il n'y a pas de place pour lui dans les appartements luxueux, dans les loges des concierges, dans les réduits des domestiques. Alors que les familles nombreuses devraient être honorées, certains en sont arrivés à s'apitoyer sur ces familles et une atmosphère s'est ainsi formée peu à peu, défavorable aux vertus familiales que n'ont pas toujours, tant sans s'en faut, cherché à glorifier la littérature et le théâtre. C'est à l'opinion de réparer et de guérir le mal qu'elle a fait, et après avoir été une des causes les plus actives de la dépopulation, elle peut et elle doit en être un des remèdes les plus efficaces, en se montrant ouvertement et courageusement favorable à la natalité.

***

Les manifestations de l'Opinion ont plusieurs manières de se produire. Et d'abord elles se produisent par la parole et par la plume, dans les conversations courantes, dans les conférences, dans les livres, dans les journaux, dans les représentations théâtrales. Il faut dire partout et sur tous les tons que la dépopulation est un fléau, que la religion et la patrie aiment les familles nombreuses, que les peuples sans enfants sont des peuples sans vitalité et sans avenir. Jusqu'à présent, l'idée régnante, l'idée maîtresse était la peur de l'enfant. Il faut tuer cette idée fausse et faire circuler l'idée contraire. L'opinion qui écartait l'enfant s'emploiera désormais à le faire désirer. L'opinion qui discréditait la famille nombreuse s'emploiera désormais à la remettre à la place qui lui appartient, c'est-à-dire à la place d'honneur. Elle forcera à rougir et à reculer l'inhumanité des propriétaires qui dans les villes refusent de loger les ménages trop chargés d'enfants. Elle condamnera au silence les propos étourdis qui prêtent apparence d'indiscrets et de gêneurs aux petits êtres assez maladroits pour naître. Elle introduira dans tous les esprits cette notion que l'adulte, en fondant un foyer, a le droit et le devoir d'y constituer une famille abondante, saine, vigoureuse et stable, en un mot, une famille normale. Sous la poussée de l'opinion, la famille nombreuse, qui était jadis un objet de risée, de mépris, de dégoût, redeviendra bien vite à la mode et retrouvera partout la sympathie admirative et le respect qui lui sont dus.

Tel est le premier résultat de l'opinion. Elle sème des *idées* qui créent un état d'esprit et comme une atmosphère favorable aux familles nombreuses, et ces idées se traduisent alors dans les coutumes courantes de la vie sociale en matière de loyers, de logements, d'éducation, d'apprentissage, de placement professionnel, d'achats économiques par coopératives, de facilités procurées aux familles nombreuses pour voyages et villégiatures, pour obtention de bourses d'étude, pour colonies de vacances. Après qu'elle a semé des idées, l'opinion suscite des *faits*. En même temps qu'elle attire l'estime et le respect à ceux qui font leur devoir, la méfiance à ceux qui ne le font pas, elle met en branle l'initiative privée pour solutionner la question des logements, la protection de la maternité ouvrière, le problème de la vie chère, etc. Elle organise la guerre au taudis, par la construction de maisons neuves et l'assainissement des maisons existantes. Elle institue l'enseignement ménager pour tarir par la bonne tenue du foyer la source empoisonnée d'où découlent tant de misères. Elle pousse au repos et à la sanctification du dimanche, si nécessaire à la santé du travailleur, à la dignité et à la cohésion de la famille. Elle lance vigoureusement la lutte contre la tuberculose et contre l'alcoolisme. Elle crée la mutualité sous sa forme non pas individualiste et égoïste, mais familiale, c'est-à-dire ayant pour unité non l'individu mais la famille, à l'état de bloc indissoluble, composée du père, de la mère et des enfants. Elle essaie de neutraliser les effets du chômage à l'aide de l'assistance par le travail. Elle s'efforce d'arrêter l'exode des champs et la désertion des campagnes au moyen d'œuvres agricoles sagement dirigées. Et non contente d'agir en faveur des classes populaires, l'opinion a cent moyens d'influencer les classes aisées. Elle les détermine à choisir pour leurs enfants une carrière où ils auront la possibilité d'élever une famille. Elle fait valoir à leurs yeux certaines manières nouvelles et honorables de gagner de l'argent, certains progrès du bien-être favorables à la fécondité. Elle les adapte aux transformations nécessaires qu'il faut accepter et utiliser si l'on veut, en mettant des enfants au monde, assurer leur sort et pourvoir à leur établissement. Que sais-je encore? Disons d'une manière générale que l'opinion s'attaque avec succès au fléau de la dépopulation, en attirant l'attention de tous sur la famille, en inspirant à tous la préoccupation permanente de restaurer la famille, de guérir ses plaies et surtout de les prévenir.

Et, à l'honneur de notre temps, constatons avec joie que l'opinion d'aujourd'hui est meilleure que l'opinion d'autrefois à l'endroit des familles nombreuses. Elle sème des idées, elle suscite des faits et voici que depuis quelques années elle met sur pied des *Associations*, des Ligues qui mènent une vigoureuse campagne en faveur du relèvement de la natalité française et dont l'action, déjà sensible, ne fera que s'étendre, bientôt et après la guerre, au delà de ce qu'on peut imaginer. Citons-les dans l'ordre de leur fondation.

La première, c'est-à-dire la plus ancienne en date, est *la Ligue populaire des Pères et Mères de familles nombreuses en France*, fondée en 1908 et dirigée par M. le capitaine Maire. Elle atteint son million d'adhérents. C'est une belle société de combat. Elle parle fort et net, elle ne demande pas, elle exige, elle ne cesse de harceler les Pouvoirs publics. Elle ne groupe que les chefs de famille de trois enfants au moins et elle se propose de faire aboutir les revendications de ces « créanciers de la nation ». M. H. Lavedan nous montre *la Ligue populaire* sous la conduite « du chef qui la dirige et la galvanise avec son ardeur entraînante d'apôtre et de soldat... Il est un de ceux qui auront, les tout premiers, contribué à l'organisation des familles nombreuses de France. »

La seconde Ligue *Pour la Vie* a eu comme fondateur M. Paul Bureau. Son journal mensuel qui porte le même titre est un organe de propagande et de combat très vivant. Dans chaque numéro, sous la rubrique : Carnet de la Solidarité, est lancé un appel en faveur d'une famille nombreuse, pauvre et intéressante, qu'un secours immédiat et important pourrait relever. Cette Ligue se distingue par son insistance « à réveiller dans les consciences le sentiment du devoir de la transmission de la vie »,

Tandis que le capitaine Maire s'adresse surtout aux familles des classes populaires, M. Paul Bureau vise et atteint particulièrement les familles bourgeoises, les intellectuels, les dirigeants.

La troisième ligue est *l'Alliance nationale pour l'accroissement de la population française*, qui a pour président le docteur Bertillon. Elle publie un Bulletin très documenté sur la question de la natalité. Elle attache une importance particulière, d'une part au rappel du devoir patriotique, d'autre part aux réformes législatives.

Enfin, la quatrième Ligue, la plus récente, est *La plus grande Famille*, fondée en 1915 par un certain nombre de grands Industriels du Nord, réfugiés à Paris pendant la guerre. Elle est dirigée par M. Auguste Isaac, président honoraire de la Chambre de Commerce de Lyon, et elle a su tout de suite réunir autour d'elle les plus éminentes personnalités du Commerce et de l'Industrie. Ne peuvent être membres actifs que les chefs de famille ayant au moins cinq enfants. Elle s'affirme nettement catholique en proclamant « la nécessité d'une éducation morale fondée sur la pratique du devoir et le respect de la religion ».

Dans ces imposantes manifestations de l'opinion en faveur du relèvement de la natalité française, dans ce mouvement réparateur et sauveur, tout le monde a sa place à prendre et son rôle à jouer. Mais certaines interventions sont particulièrement agissantes et efficaces. *Les organes de l'opinion* doivent être ici clairement désignés.

Les pères et mères ont d'abord la parole. L'autorité leur appartient et avec l'autorité l'influence. Grâce à Dieu, il nous reste encore en France un bon nombre de familles fidèles à leur devoir, vraiment chrétiennes, qui comptent de nombreux enfants et dans lesquelles règnent la paix, l'union, le bonheur et même la prospérité temporelle. Elles méritent et elles obtiennent la considération, le respect, la confiance, et les alliances les plus avantageuses viennent généralement les chercher et les affermir. Elles sont un exemple. Elles sont une puissance d'opinion et elles exercent un empire efficace sur les idées et sur les mœurs. Nous ne saurions trop admirer et bénir ces vénérables familles qui font revivre sous nos yeux les traditions de la vieille France, qui accomplissent rigoureusement leur devoir selon le vœu de la nature et les lois de la morale chrétienne, qui élèvent huit ou dix enfants au milieu d'un monde qui n'en peut supporter que deux, trois par surprise, souvent un seul. On les regarde, on se sent obligé en conscience de dire qu'elles ont raison et, même quand on ne les imite pas, on se dit tout bas qu'on a tort de ne pas les imiter. Elles sont encore l'exception, mais elles finiront bien par s'imposer et par faire l'opinion. « Le temps est sans doute beaucoup plus proche qu'on ne croit, écrit M. Paul Bureau, où l'entrée dans un salon d'un couple en bonne santé et n'ayant qu'un ou deux enfants après six ou huit ans de mariage, sera accueilli par des sourires dont on ne pourra plus supporter le poids. » C'est que l'opinion redressée sera sans pitié pour la stérilité volontaire, et les sanctions de l'opinion sont beaucoup plus redoutables et redoutées que celles des lois.

A côté des belles familles qui sont un exemple pour tous et un reproche, un remords pour beaucoup, il y a dans la société un certain nombre d'hommes plus éclairés, plus cultivés et plus élevés que les autres et que l'on pourrait appeler les principaux organes de l'opinion, les responsables, *les dirigeants* et comme les magistrats de l'esprit public. Ils parlent et on les écoute. Ils agissent et on les suit. Leur influence est prépondérante. C'est sur eux que la multitude règle son orientation et sa marche. Or le problème de la reconstitution de la France par la fécondité du foyer étant l'un des plus pressants, sinon le plus pressant, les dirigeants y peuvent-ils quelque chose ? Ils y peuvent beaucoup. Ils ont à prononcer des paroles décisives et à poser des actes qui entraînent.

S'ils ont la hauteur du rang et de la situation, qu'ils entourent de respect les familles nombreuses et qu'ils ne négligent rien pour replacer dans l'estime publique au rang qui leur est dû ceux qui assurent l'avenir de la Patrie en lui donnant de nombreux enfants. Les familles les plus modestes ne sont pas les moins sensibles à une sollicitude qui vient de haut.

Que les propriétaires cessent de considérer la famille nombreuse ainsi qu'une « espèce » négligeable et inférieure, envers laquelle on peut tout se permettre impunément. « Désormais, écrit H. Lavedan, il sera impossible qu'un propriétaire, en apprenant qu'une famille est sur le point de s'augmenter d'un nouveau-né, ose, comme il le faisait hier, en exciper pour donner congé aux parents, coupables d'avoir eu le cynisme de procréer sans sa permission. L'opinion publique, formée par la révolte de tous les honnêtes gens, entend que ce bail de méchanceté et de tyrannie soit de plein droit et à tout jamais résilié. »

Les écrivains et les orateurs ont, eux aussi, un devoir à remplir. Une mère de quatre enfants, qui en a eu six, écrivait dernièrement, en septembre 1916, au directeur du *Télégramme de Toulouse :* « Nous avons fait notre devoir parce que nous sommes bons chrétiens. Mais si vous saviez tous les quolibets, toutes les grossièretés même auxquelles nous avons été en butte, quand on s'est aperçu que j'attendais mon troisième, puis mon quatrième. J'ai même reçu une lettre abominable. Il faut que tous ceux qui ont une autorité sur le public, en France, travaillent à relever l'honneur de la maternité. Pour cela les journaux pourraient faire beaucoup. Défendez-nous donc sans répit, nous, les honnêtes femmes qui voulons que la race des Français ne s'éteigne pas, malgré le souffle terrible qui passe sur le pays. »

Mieux encore que les paroles et les écrits, certains grands actes publics sont de nature à encourager la natalité. Par exemple, l'année dernière, M. Étienne Lamy a offert à l'Académie française une somme de 500.000 francs en faveur des familles nombreuses. « Certain, dit-il, que restaurer la fécondité de notre race est le plus essentiel intérêt de la France, que la plus efficace conseillère de devoir est la morale religieuse et que tout Français doit hâter la résurrection de la vie nationale, je voudrais aider quelques-uns des pères et des mères qui, par des privations quotidiennes et volontairement subies, perpétuent encore des foyers riches d'enfants... Le revenu de la fondation, qui représentera à peu près 25.000 francs, sera, chaque année, réparti entre les familles de paysans français et catholiques et partagé entre deux de ces familles, parmi les plus pauvres, les plus nombreuses, les plus chrétiennes de croyance, les plus intactes de mœurs... » Quel beau geste ! M. Etienne Lamy se dépouille de son vivant d'une importante partie de ses biens et il confère à sa donation la portée d'un acte clair et précis, qui ne doit atteindre que des familles nombreuses, françaises, paysannes et *catholiques*. Puisse-t-il avoir des imitateurs ! Puissent tous les dirigeants, par la parole, par la plume et par les actes, souligner devant l'opinion le problème de la natalité et exercer une propagande intelligente, méthodique, tenace et féconde !

Le clergé enfin ne saurait rester étranger à cette croisade éminemment bienfaisante. Le clergé a une part immense dans la direction des esprits. Il atteint les âmes au confessionnal et en chaire. Ce n'est pas assez. Il doit atteindre et influencer l'opinion, cette puissance qui mène et sans laquelle rien ne se fait. Il doit dire son mot et proclamer tout haut la loi morale et religieuse sur la grande question de la fécondité familiale. C'est ce que faisait dernièrement le Cardinal-Archevêque de Paris en écrivant une lettre publique à M. Paul Bureau, fondateur de l'Association *Pour la Vie*, en faveur du relèvement de la natalité en France. A la date du 28 mai 1915, il lui disait :

« Vous vous proposez de constituer une Ligue pour le relèvement de la natalité en France. C'est une cause qui intéresse au plus haut degré l'avenir de notre pays et il est urgent d'amender sur ce point les idées et les mœurs. L'Église catholique n'a jamais cessé de prêcher avec énergie le grand devoir de la propagation de la vie et elle ne peut qu'applaudir à tous les efforts qui seront faits pour appuyer et rendre plus efficaces ses enseignements à ce sujet. J'encourage donc de grand cœur votre dessein et je prie Dieu de le bénir. »

Dirigée, soutenue et fortifiée par de telles autorités, l'opinion se prononcera de plus en plus contre le fléau de la dépopulation et modifiera peu à peu les lois, les idées et les mœurs. « Est-il possible, écrit M. H. Lavedan, que la marée de tant de beaux et purs efforts, battant à la fois tous les esprits, déferlant sur tous les cœurs, secouant toutes les consciences, les entrailles et les âmes endormies, n'en arrache pas la volonté de refaire la France en honorant la famille nombreuse, en enrichissant par les enfants qui sont la seule monnaie de son bonheur, de son honneur et de son intérêt, la famille appauvrie par l'égoïsme ou bien amputée par la guerre ? » Arrêtons-nous sur ces paroles d'espoir et saluons dans un prochain avenir les foyers abondamment peuplés et la France glorieusement ressuscitée !

CHAPITRE IX

Le Fléau de la Dépopulation
Ses remèdes

3° La Religion.

IX

Le fléau de la Dépopulation
Ses remèdes

3° La Religion.

Que diriez-vous d'un médecin qui, ayant constaté cinq causes d'une maladie grave, en combattrait quatre seulement et laisserait agir et se développer la plus importante ? C'est pourtant ce que font beaucoup de législateurs, de philosophes et de publicistes. Obligés qu'ils sont de convenir que le fléau de la dépopulation existe, qu'il est mortel et qu'il faut sans retard trouver le remède, ils énumèrent toutes les causes de la diminution des naissances, excepté la première, c'est-à-dire la perversion des consciences par l'absence ou le relâchement du frein moral et religieux. Ils ont peur d'avouer la vraie cause parce qu'ils ne veulent pas du vrai remède. Disons donc enfin tout haut ce que pensent tout bas les plus sages parmi les Français, à savoir que la Religion est le grand remède qui prévient et guérit le fléau de la dépopulation. Nous allons sur ce grave sujet établir une affirmation, répondre à une objection et formuler une conclusion.

***

Etablissons d'abord une *affirmation*. La dépopulation est un fléau dont les causes les plus actives sont des causes morales. Le mal est principalement dans les consciences. Or il n'y a que la Religion pour agir efficacement sur les consciences, pour les purifier, pour les assainir, pour les revivifier. Il faut avoir une foi, une croyance, un idéal supérieur, pour se sentir obligé de faire son devoir et de donner à la famille et à la race tous les enfants qu'elles réclament. Contre la dépopulation, voilà le remède par excellence : la Religion. Les autres ne sont pas à dédaigner, au contraire, mais sans celui-là ils n'auront qu'une efficacité restreinte et tout à fait insuffisante.

Est-ce seulement avec des lois et des règlements de police que vous agirez sur les consciences et que vous élèverez une jeunesse chaste et féconde ? Je vous en défie bien. Une jeunesse sans Dieu est généralement une jeunesse sans mœurs et une jeunesse sans mœurs n'arrive à la virilité qu'épuisée et souvent stérile. — L'inconduite, la débauche, la prostitution, l'alcoolisme, menacent les sources mêmes de la vie nationale. Et toutes ces formes du vice, vous les supprimerez sans l'influence religieuse ? Je le nie absolument. — Ce qui tue notre génération, ce qui tue les âmes, les corps, les foyers, la patrie, c'est la recherche immodérée du plaisir. Et vous mettrez un frein à la recherche immodérée des plaisirs avec une méticuleuse et sévère législation ? Jamais de la vie. Le mal, avons-nous dit, est dans les consciences, et les consciences ne peuvent être saisies que par la force transcendante de la Religion.

Est-ce avec des lois seulement et des règlements de police que vous agirez sur les consciences et que vous obtiendrez de l'union conjugale qu'elle produise tous ses effets, et que vous donnerez aux Français le courage de prendre la rame, de remonter le courant de l'habitude générale et de l'universelle défection ? Ne l'espérez pas. Oui, les familles nombreuses, autrefois si communes, sont aujourd'hui rares. Oui, la race décroît, ses forces s'affaiblissent, il y a là un péril à conjurer et il est urgent d'y trouver un remède. La vie s'en va ; il importe de savoir où elle est, d'où elle vient, comment elle se perd, comment elle peut revenir. La vie, c'est la chasteté des mœurs chrétiennes. La vie, c'est le Décalogue, c'est l'Évangile, c'est le Christianisme connu, accepté, pratiqué ; c'est la Religion intégrale apportant à la conscience humaine non pas seulement la connaissance certaine de la loi divine, mais la force intérieure pour l'accomplir avec les moyens surnaturels de se vaincre, de se repentir, de se relever après les défaillances.

Dans l'*Écho de Paris*, du 15 octobre 1916, un mobilisé sur le front lorrain écrit à M. R. Bazin : « Je suis d'un coin de France libre penseur par excellence... Au point de vue de la natalité, la situation est lamentable. Le nombre des conscrits a diminué de moitié depuis trente ans, et une école, créée en 1879 pour 32 enfants en compte 10 maintenant. La fraude dans le mariage est universellement pratiquée, et il a fallu que j'arrive à l'âge de 34 ans pour que, ramené à la vérité par la souffrance, j'apprenne, de la bouche d'un vieux prêtre lorrain, que cette immoralité, de quoi la France est tout affaiblie, constitue une faute mortelle, réprouvée par le christianisme. » Premier effet de la Religion : elle atteint les individus dans leur for intérieur, dans leur conscience, et elle dresse devant eux, avec une autorité implacable, à côté de la fameuse table des droits de l'homme, celle des droits de Dieu.

Et, après avoir montré à la conscience ses obligations précises, elle lui indique les motifs impérieux qui la pressent d'y être fidèle. C'est la Religion qui met les conjoints en face de Dieu, du Dieu qui voit tout, qui bénit les familles nombreuses, qui a des sanctions éternelles pour la vertu et contre le mal. La Religion possède un pouvoir de contrôle sur la conscience de chaque individu, et dans ce sanctuaire inviolable où ne pénètre aucune loi humaine, elle s'introduit, elle parle, elle règle les poussées brutales de la sensualité, elle fait accepter le sacrifice sous toutes ses formes.

Et non contente de dire à la conscience humaine : voici la loi divine ! obéis ! la Religion lui offre les énergies surnaturelles qui sont nécessaires à la nature défaillante : la grâce, la prière, les sacrements, la communion, la confession. Ce n'est pas un prêtre, mais un romancier, M. H. Lavedan, qui affirme que « l'affaiblissement, sinon de la croyance religieuse, du moins de la *pratique*, est pour les trois quarts du mal » en matière de natalité, et il ajoute : « Ne craignons pas de le dire à l'honneur de la confession si injustement attaquée par les ennemis du catholicisme : c'est au confessionnal, au tribunal de la pénitence, que le prêtre vraiment rigoureux, ayant toujours en vue l'enfant et n'accordant que lui, l'impose aux deux époux. Ainsi donc, ce volontaire du sacrifice et du renoncement familial devient-il, par excellence, l'agent spirituel, le promoteur sacré de la famille. »

***

Ici pourtant quelques-uns posent une *objection* à laquelle il est nécessaire de répondre. Ils disent que la Religion est impuissante devant le fléau de la dépopulation, comme d'ailleurs elle est impuissante devant toutes les passions humaines. Tâchons de mettre les choses bien au point.

Reconnaissons d'abord qu'un certain nombre de chrétiens n'ont que les apparences extérieures de la Religion. Ils la comprennent peu et la pratiquent mal. Leur catholicisme tout superficiel ne compte pas et il serait tout à fait injuste d'en faire une arme et un argument contre la vraie foi. L'habit ne fait pas le moine. Il ne suffit pas, pour avoir l'âme d'un soldat, de porter le costume militaire. Une religion exclusivement cultuelle et artificielle est une religion sans réalité et sans vie. N'en parlons pas.

Avouons aussi qu'un certain nombre de chrétiens sincères sont rebelles à la voix de leur religion et de leur conscience en limitant volontairement leur postérité. Ils connaissent leur devoir, mais ils n'ont pas le courage de le mettre en pratique. Qu'y a-t-il en cela d'étonnant? L'homme est libre. La Religion respecte sa liberté. Elle aide la bonne volonté, mais elle ne sauve pas ceux qui refusent obstinément d'être sauvés. Elle ne contraint personne. Elle ne rend pas les hommes vertueux malgré eux.

Et puis, de ce que la Religion n'arrête pas

infailliblement les passions humaines, est-ce que cela prouve qu'elle ne les arrête jamais ? Selon une remarque judicieuse de Montesquieu, « dire que la Religion n'est pas un motif réprimant, parce qu'elle ne réprime pas toujours, c'est dire que les lois civiles ne sont pas un motif réprimant non plus ». En vérité vraie, la Religion ne confère pas à l'homme un brevet d'impeccabilité ; elle met seulement à son service un puissant moyen de se vaincre et de passer d'une moralité médiocre à une moralité supérieure ; et, dans la plupart des cas, ce moyen réussit, il n'est inopérant que devant la mauvaise volonté qui le repousse de parti pris.

Est-il juste, enfin, d'accuser la Religion d'impuissance et d'inutilité, quand on la prive de sa liberté d'action et de sa pleine indépendance ? Que n'a-t-on pas fait depuis bien des années pour contrarier la force religieuse, pour la comprimer, pour la paralyser, pour la supprimer même ? On nous reproche de ne pas faire assez pour moraliser la nation. Qu'on nous permette donc de la moraliser. On dit à la Religion : va-t'en ! Et quand on l'a exilée de partout, on s'étonne qu'elle ne donne plus sa lumière et sa chaleur, on se plaint de ne plus jouir de ses bienfaits, on se scandalise des vides creusés par son absence. Quelle injustice et quelle aberration !

Nous ne prétendons pas d'ailleurs que les ministres de la Religion ont toujours fait tout ce qu'ils pouvaient et devaient faire pour arrêter et refouler le fléau de la dépopulation. Trop souvent ils ont eu peur de dire la vérité, toute la vérité. Ils ont ménagé outre mesure la fausse délicatesse et la fausse pudeur d'un siècle aussi prompt à tout se permettre qu'à s'effaroucher d'un mot. Ils ont été quelquefois prudents jusqu'à la timidité et au silence.

Toutes les explications limitatives que nous venons de donner ne détruisent pas notre affirmation première, à savoir que la Religion est le seul vrai remède capable de prévenir et de guérir le fléau de la dépopulation. Pour surcroît de lumière nous en appelons *aux faits*, *aux chiffres*, *aux statistiques*.

Est-ce que *partout* les.populations les plus prolifiques ne sont pas précisément les populations catholiques? En Angleterre, les protestants ont peu d'enfants et les catholiques, par le seul afflux de la natalité, seront le nombre en peu d'années. Aux États-Unis, le Yankee n'a plus d'enfants, tandis que le Canadien et l'Irlandais peuplent les territoires immenses du Nouveau Monde. En Allemagne, « l'accroissement de la population est essentiellement l'œuvre du Catholicisme », dit un économiste protestant, le professeur Wolf. En général, les populations croyantes ont plus d'enfants que les populations sceptiques.

Mais la France? Si sa population baisse, qui oserait dire que cela tient à son catholicisme? Ce n'est pas la Religion qui, chez nous, dépeuple les foyers, c'est l'absence de religion. La Religion ne nous menace pas, elle nous manque, et la place qu'on lui refuse est occupée par le sensualisme qui nous tue. En effet, il est établi par la démographie que les régions de la France où les habitants sont restés le plus fidèles à la foi de leurs ancêtres, sont aussi celles où la natalité est restée le plus élevée. Les mœurs religieuses antiques qui ont survécu dans une douzaine de *départements* empêchent seules la natalité de la France de descendre encore plus bas. Dans les départements français restés croyants, le fléau de la dépopulation ne sévit pas, tandis que la crise de la dépopulation est effrayante dans les quatre cinquièmes de nos départements qui ont perdu la foi et les pratiques religieuses du passé. De sorte qu'il y a en quelque sorte deux Frances : la France qui vit et la France qui meurt. La France qui meurt, ce sont les départements qui n'ont plus d'enfants parce qu'ils n'ont plus de religion, et la France qui vit, ce sont les départements qui ont encore de nombreux enfants, parce qu'ils ont gardé leur religion. C'est là un fait que doivent reconnaître les plus incroyants, les athées, les plus irréductibles, pourvu qu'ils consentent loyalement à lire les statistiques.

Touchons cette vérité du doigt, en comparant non plus les départements, mais les *communes*. Dans l'*Écho de Paris* du 15 octobre 1916, M. René Bazin insère deux lettres venues l'une de Seine-et-Oise et l'autre de Bretagne, de Seine-et-Oise où il y a si peu de Religion et de Bretagne où il y en a encore beaucoup. Un habitant d'un village de Seine-et-Oise a étudié la rue principale de sa petite commune et il a trouvé 34 enfants pour 36 parents. « Si je retranche, dit-il, les deux familles de 6 et de 8 enfants, qui augmentent sensiblement la moyenne, je trouve 32 parents qui seront un jour remplacés par 20 enfants. Le hasard n'est pas seul responsable de cette basse natalité. » De son côté, le correspondant de Bretagne a fait le relevé de la petite paroisse de Torcé (630 habitants), canton d'Argentré-du-Plessis, arrondissement de Vitré : « J'ai trouvé, dit-il, 25 familles ayant eu ensemble 214 enfants, soit une moyenne de plus de 8 enfants. Beaucoup d'autres ont cinq ou quatre enfants. » Que de leçons en ces deux tableaux ! Comment ne pas constater entre ces deux groupements de Français la différence de natalité qui coïncide exactement avec la disparité religieuse? D'un côté absence de religion et pénurie d'enfants, d'un autre côté vie religieuse intense et familles nombreuses.

Descendons encore plus profondément dans ce terrible sujet et comparons non plus départements à départements et communes à communes, mais *familles* à familles. Le docteur Dauchez, ancien interne des hôpitaux, vient d'établir, par une documentation scientifique, cette loi : que le sentiment religieux est à la base de la natalité et que les familles croyantes sont plus peuplées comparativement que les autres. A la suite d'une enquête faite sur tous les milieux indistinctement et après avoir fait parler croyants et incroyants, adversaires et amis impartiaux, il nous montre 600 familles catholiques pratiquantes qui ont donné 3.710 enfants, soit une moyenne de 6,18 enfants par famille, et 600 familles indifférentes ou hostiles qui ont donné 1.706 enfants, soit une moyenne de 2,84 enfants par famille, et il conclut : « Si la France se dépeuple au lieu de s'accroître, le fait est dû à l'affaiblissement de la pratique religieuse, au relâchement du frein que celle-ci apporte aux passions. Les pays croyants sont toujours féconds. »

Encore un *fait très significatif*. En l'espace de vingt ans, de 1887 à 1907, c'est-à-dire pour la période durant laquelle l'idée religieuse a subi les plus terribles atteintes, la population française s'est accrue au total de 66.000 âmes. Or, pendant le même temps, l'Allemagne augmentait de 16 millions, l'Autriche de 7 millions, l'Italie de 3 millions, l'Espagne de près de 2 millions, la Russie de 21 millions. Preuve évidente que la crise de la dépopulation ne tient pas à des causes physiologiques, à des causes matérielles, mais principalement à des causes morales et religieuses, et que, pour conjurer cette crise, il faut avoir recours au grand remède, à la Religion.

Ne disons donc pas que la Religion est impuissante devant le fléau de la dépopulation. Ce serait faux. Disons qu'on ne peut rien faire sans elle et que, par elle, on peut beaucoup, presque tout. C'est la pure vérité.

***

Une *conclusion* s'impose. Ces trois choses se tiennent : France, Famille, Religion. Pour sauver la France, il faut sauver la Famille ; or on ne peut sauver la Famille sans la Religion ; donc sauvons, respectons et favorisons la Religion.

Le salut de la France est dans la famille. Tant vaudront les familles, tant vaudra la France. Toute démonstration est ici inutile. On ne prouve pas l'évidence. Mais où la famille elle-même trouvera-t-elle son salut, sinon dans la Religion? La foi, pour parler comme Taine, a toujours été la grande paire d'ailes indispensable pour soulever l'homme au-dessus de lui-même. « Toujours et partout, écrivait-il, quand ces ailes défaillent ou qu'on les casse, les mœurs privées et publiques se dégradent. » Au simple point de vue utilitaire, la Religion seule est capable de vivifier les consciences, et par les consciences les foyers, et par les foyers les peuples. La dépopulation nous tue. Vainement les philosophes et les économistes prépareront leurs remèdes au fléau mangeur de la race. C'est le retour à la Foi seulement qui pourra l'atténuer et, Dieu aidant, le conjurer.

Comment pourrait-on en douter ? Même dans les meilleures conditions légales et économiques, même après toutes les réformes sociales réalisées, il restera toujours que l'éducation d'une nombreuse famille est une lourde charge, une charge qui écrase les épaules du père et de la mère, et il n'y a que la Religion, la crainte de Dieu, l'abandon à la Providence, la force d'En-Haut, qui puissent faire accepter la sainte et complète fécondité du mariage. Il faut croire en Dieu ; il faut craindre la justice de Dieu; il faut avoir confiance dans la bonté de Dieu; il faut chercher d'abord et avant tout le règne de Dieu par l'observation de sa Loi et croire que le reste viendra comme par surcroît : *quærite primum regnum Dei.* Ce précepte de l'Évangile devrait servir d'épigraphe à tous les traités d'économie sociale, car il est d'une exactitude en quelque sorte mathématique. Ne dites pas que la Religion n'a rien à voir dans la science économique. Elle la préserve de l'erreur, elle l'éclaire, elle la règle, elle la mène à des résultats féconds. Le mal de la dépopulation, qui ruine la France en ruinant la famille, ne peut être guéri que par un retour sérieux à la religion bien comprise et bien pratiquée. « Le retour au sentiment religieux actif, a écrit Paul Leroy-Beaulieu, voilà le premier article du nouveau régime moral auquel on doit recourir pour lutter contre la stérilité systématique. » La France aura beau multiplier les lois, faciliter de mille manières la vie économique des grandes familles, elle n'obtiendra de résultats féconds et sûrs que lorsqu'elle aura rétabli, dans toutes ses écoles, l'enseignement de la morale chrétienne et, dans les lois et les mœurs, le respect des convictions et des idées inspirées par le plus haut idéal moral : l'idéal chrétien.

« Une politique systématiquement antireligieuse serait donc une politique antinationale. Les trois quarts des lettres que j'ai reçues expriment ce sentiment avec une force de certitude et de reconnaissance émouvante. » C'est la conclusion que M. H. Lavedan place à la dernière page de son beau et bon livre sur *la Famille française*. Telle est aussi notre conclusion. La Religion est le grand, le plus puissant remède contre la dépopulation. Et alors ? Alors toute croisade contre la religion serait une croisade contre les berceaux. Alors, si l'on veut être raisonnable, si l'on veut être patriote, il faut non seulement tolérer, mais respecter, encourager et favoriser la Religion. Que les pouvoirs publics laissent à l'enseignement de la morale religieuse une liberté absolue, lui fassent partout, à tous les degrés, une large place, sans craindre sottement qu'il s'étende et qu'il pénètre, et dans vingt ans, plus tôt peut-être, la France sera comme un jardin magnifique, arrosé du sang de nos soldats et des sueurs de nos travailleurs, abrité contre les ennemis du dehors et enfin débarrassé des disputes du dedans, tout éblouissant des vivantes fleurs semées sur notre sol par l'obéissance au commandement divin.

La Religion divinise le mariage, elle épure les idées, les mœurs et les lois ; en dirigeant les consciences, elle suscite les familles nombreuses, elle sauve les âmes de la damnation et les peuples de l'anéantissement. Encore une fois, qu'aurions-nous à gagner en déchristianisant la France ? Le seul patriotisme nous dit qu'on a fait fausse route en répudiant les vieilles croyances et en livrant la nation au matérialisme et à l'athéisme. Reprenons le bon chemin. Revenons au Christianisme et à la sainte Église. N'oublions pas que, pour croître, un peuple, avant tout, doit croire. Nous voulons tous que la France vive et qu'elle ait une place respectée et un rôle grandissant dans le monde. Prenons-en les moyens. Rendons-lui toute sa vigueur religieuse et sa vieille mentalité catholique. Le reste lui sera donné comme par surcroît.

CHAPITRE X

Ceux et celles qui ne se marient pas
Le Célibat

X

Ceux et celles qui ne se marient pas
Le Célibat

Pour compléter le grave sujet que nous venons d'étudier, il faut y ajouter quelques considérations sur le célibat ou la virginité chrétienne. Toutes les personnes, en effet, n'entrent pas dans l'état du mariage. Il en est un certain nombre qui se décident librement à pratiquer le célibat, soit au milieu du monde, soit dans la vie religieuse ou sacerdotale. Que faut-il penser de leur état de vie ? Il est exceptionnel, mais il n'est ni impossible, ni inutile, ni dangereux. Faisons la lumière sur ces graves questions.

***

Il n'est pas rare d'entendre dire que la virginité est *impossible*, impraticable, contraire aux exigences et supérieure aux forces de la nature. Répondons brièvement à cette première objection.

Non la virginité chrétienne n'est pas impossible, puisque Dieu la permet et même la conseille à quelques âmes. Nous lisons dans saint Matthieu que Jésus-Christ ayant rappelé aux pharisiens la loi primitive du mariage, par laquelle le divorce est interdit, ses disciples lui dirent : « Si telle est la condition d'un homme à l'égard de sa femme, qu'il ne puisse jamais la répudier pour en prendre une autre, il n'est pas avantageux de se marier. »

Jésus-Christ leur répondit : « Tous ne comprennent pas cette parole, mais ceux-là seulement qui en ont reçu le don. Il y en a qui ont renoncé au mariage en vue du royaume des cieux. Qui peut comprendre ceci, le comprenne. » Le Christ ne formule donc pas un précepte, il donne un simple conseil, mais un conseil qui est une autorisation et une invitation. Et l'apôtre saint Paul, expliquant la parole du Maître, déclare que chacun a sa vocation et que les âmes appelées à la virginité seront heureuses de vivre en cet état. « Il est bon pour elles d'y demeurer. » Là-dessus, l'enseignement de l'Église n'a jamais varié.

Non, la virginité chrétienne n'est pas impossible, puisqu'elle est pratiquée depuis vingt siècles. L'antiquité juive et païenne avait entrevu la grandeur et la beauté de la virginité, sans pouvoir jamais la réaliser. Les Vestales, le plus beau type du monde païen, n'avaient qu'une chasteté extérieure et purement officielle. Le divin Platon et le pieux Virgile, les prophètes et les justes de l'ancienne Loi ne nous prêchent la virginité ni par leurs discours, ni par leur vie. Avec le Christ et sa divine Religion commence une race nouvelle, la race des vierges. Ce qui semblait impossible devient facile, presque commun sous la Loi de grâce. Un certain nombre d'âmes ressentent le goût et l'attrait de la virginité ; ces âmes se comptent par millions ; elles se recrutent dans toutes les races et chez tous les peuples ; elles sont aujourd'hui, après vingt siècles, aussi nombreuses, aussi vaillantes, aussi pures que le premier jour.

Non, la virginité chrétienne n'est pas impossible.

Elle est seulement réservée à une élite. Le mariage reste la vocation commune... et quelle vocation ! L'honneur de participer à l'action créatrice de Dieu, les vertus qu'il fait pratiquer, et par les enfants les services irremplaçables qu'il rend à l'Eglise et à l'humanité, lui méritent tout respect. D'ailleurs le Christ ne l'a-t-il pas élevé à l'état, à la dignité de Sacrement ? Mais le célibat, supprimant dans une vie la jouissance matérielle et charnelle et donnant à l'esprit une entière liberté de s'élever vers Dieu, est en vérité un état supérieur. Dieu n'est pas chair ; il est pur esprit ; la ressemblance avec Dieu restera toujours pour l'homme le grand devoir et l'honneur véritable, et d'ordinaire il sera plus facile à celui qui n'est pas dans les liens du mariage de se livrer tout entier à la vie de l'esprit et de réaliser en lui la ressemblance divine. Quelles que soient donc les conjonctures au milieu desquelles elle vit, l'Église affirme toujours la prééminence intrinsèque du célibat, parce qu'elle ne peut jamais cesser de proclamer la prééminence de la vie de l'esprit. Quelque saint que soit l'état du mariage, c'est une vérité de foi que la virginité est plus parfaite que le mariage. Saint Paul nous montre d'un côté le mariage encombré de soins et de soucis matériels qui tiennent l'âme captive, et d'un autre côté la virginité s'arrachant totalement aux créatures et se consacrant généreusement à Dieu, objet direct, immédiat, exclusif des pensées et des affections. « Celui qui est marié, dit l'Apôtre, a souci des choses du monde, il cherche à plaire à sa femme et il est partagé. » Chez les vierges, au contraire, aucun partage, mais le don total de soi à Dieu. Elles ont choisi la meilleure part, car « le Seigneur lui-même est la part de leur héritage ». Cessons donc de regarder comme impossible la virginité chrétienne. Dieu non seulement la permet, mais la conseille et avec sa grâce la rend possible à toute une élite qui, en s'isolant du côté du monde, s'ouvre splendide du côté du ciel.

***

A quoi bon ? s'écrient certaines gens peu sensibles aux beautés de la perfection morale. Ils accusent la virginité d'être *inutile* à l'humanité. Essayons de les éclairer.

Constatons d'abord qu'il est dans la vie humaine beaucoup d'œuvres, de très belles œuvres, qui s'accordent mal avec l'état de mariage et qui ne peuvent être réalisées que dans l'état de virginité. On ne peut raisonnablement demander à un père ou à une mère de famille la vie de contemplation, de prière et de pénitence, les grands exemples de détachement, le dévouement à toutes les misères et à toutes les infortunes. Ce sont les vierges qui devant Dieu lavent les souillures du monde, prient pour ceux qui ne prient pas et font le contrepoids des méchants par leur nombre et par leurs vertus. Ce sont les vierges qui, en dressant devant le monde le drapeau des conseils, entraînent la foule dans le chemin des préceptes. Ce sont les vierges qui rendent à l'humanité besogneuse et souffrante les mille services dont elle a besoin.

Entrons dans le détail. La virginité chrétienne peut revêtir trois formes très distinctes. Il y a la virginité laïque qui se conserve librement au milieu du monde, la virginité religieuse qui s'assujettit aux vœux solennels de chasteté, d'obéissance et de pauvreté, la virginité sacerdotale qui caractérise le prêtre catholique. Sous quelque aspect qu'on la considère, la virginité est un sacrifice et par conséquent un bienfait ; car jamais un sacrifice n'est offert à Dieu sur la terre sans qu'il profite aux hommes et qu'il attire sur eux les bénédictions du ciel. Rien qu'en faisant monter d'un millimètre le niveau moral de l'humanité, les vierges sont des bienfaiteurs publics qui méritent les applaudissements du ciel et de la terre.

Quelques-uns, sans quitter l'habit séculier et sans aliéner leur liberté, renoncent au mariage et pratiquent *la virginité laïque* qui leur permet d'être le lien des familles et de verser sur tous la plénitude d'un cœur que rien, ni personne n'a le droit de revendiquer et de monopoliser. On les voit visiter les pauvres, soutenir les Œuvres de zèle et de charité, prendre part à nos chagrins, recueillir les orphelins, et devenir ainsi l'objet de l'estime et l'admiration non seulement d'un village, mais de toute une ville, quelquefois de tout un royaume. N'est-ce pas une vierge laïque, Jeanne d'Arc, qui sauva la France ? Pauvres esclaves du siècle, ne riez pas de la vieille fille dont la vie est plus féconde que la vôtre, précisément parce qu'elle se passe éloignée de vos fêtes et de vos plaisirs, et qui un de ces jours peut-être vous apportera, grâce à sa prière et à sa pureté virginale, la lumière de la vérité et l'ineffable bienfait d'une sainte mort ! « Très souvent agréable, écrit M. H. Lavedan, tendre, enjouée, complaisante, patiente et de merveilleux caractère, ayant gardé la double limpidité du visage et du cœur, elle approche de la perfection. Depuis le début de la guerre elle a fourni, dans beaucoup d'hôpitaux et d'ambulances, un modèle admirable d'infirmière amicale et maternelle, experte en toutes choses. »

Mais autant la virginité laïque est difficile et rare, autant est fréquente et relativement facile *la virginité religieuse* qui, à l'aide des vœux temporaires ou perpétuels, se tient à l'abri de mille occasions de péché et jouit de mille moyens de sanctification. L'état religieux a donné au ciel un nombre prodigieux de saints et à la terre des légions de bienfaiteurs. Ne sont-ce pas nos ordres religieux qui partagent avec le clergé la sublime mission de sauver les âmes, de consoler toutes les douleurs d'ici-bas ou de les conjurer par la prière et par la pénitence ? Quoi ? Ils n'ont rien fait pour le peuple ces Bénédictins qui ont défriché nos plaines, desséché les marécages, assaini le sol et créé l'agriculture ? Ils ne font rien pour le peuple ces Frères des Écoles chrétiennes qui usent leur vie dans la pauvreté volontaire, qui se lèvent toute l'année à quatre heures du matin pour instruire et élever la jeunesse populaire ? Elles sont inutiles ces Filles de la Charité, ces Petites Sœurs des pauvres, ces Religieuses de tout ordre, de tout costume et de tout nom, qui vont soigner les pauvres ouvriers chez eux sans accepter même un verre d'eau, qui tiennent des crèches, des asiles, des écoles, des orphelinats, des hospices, qui embrassent dans leur dévouement tous les âges, tous les besoins, toutes les misères ? Ils sont inutiles pour le monde présent tous ces êtres d'héroïque charité qui ont renoncé à tout afin de se donner à tous, qui s'oublient afin de ne penser qu'aux autres, qui n'appartiennent qu'à Dieu afin de mieux appartenir aux hommes ? Gloire à la virginité religieuse ! Elle est le parfum qui embaume et sauve la terre !

Quant à *la virginité sacerdotale,* il faudrait des volumes pour en dire l'excellence et la bienfaisance. Lacordaire a dit des choses splendides sur la chasteté du prêtre, qui amène au ministre de Dieu « la mère avec la fille, les chagrins précoces avec les chagrins vieillis, ce que l'oreille de l'époux n'entend pas, ce que l'oreille du frère ne sait pas, ce que l'oreille de l'ami n'a jamais soupçonné ». Mais laissons à un laïc, à un homme du monde le soin de défendre contre les préjugés du monde le célibat sacerdotal. « Le prêtre a besoin de la chasteté, écrit M. H. Lavedan ; elle est son irrésistible prestige, et l'opinion publique, en dehors de tout sentiment religieux, la veut, l'exige de lui avec une impitoyable sévérité... Que deviendrait avec le prêtre marié le secret de la confession ? » Et le même écrivain nous montre le prêtre et la religieuse « se privant des joies les plus licites pour mieux concourir à l'assistance générale, renonçant à *la petite famille* pour se consacrer avec plus de plénitude et d'efficacité au soulagement de *la grande,* ne se dérobant à leur devoir d'expansion humaine et de fécondité sociale que pour le remplir d'une autre manière, mais au centuple ». Et il conclut : « Bien loin de s'opposer à la loi bénie de multiplication, l'Église la prêche *ex cathedrâ,* et s'il fallait dresser une statue au saint de la Paternité, c'est à Vincent de Paul qu'on l'offrirait pour avoir recueilli, sauvé et donné à lui seul plus d'enfants à la France que des centaines de pères. »

***

On fait pourtant à la virginité chrétienne un reproche qui a une certaine apparence de vérité. On l'accuse d'être *dangereuse* et de favoriser la dépopulation. Des esprits aveuglés ou sectaires considèrent la virginité comme une des causes de décroissance des naissances. Cette question fut l'objet de grandes querelles au XVIIIe siècle. L'impie J.-J. Rousseau voyait dans le célibat religieux une menace d'anéantissement pour le genre humain. Voyons ce qui en est des prétendus périls que la virginité ferait courir à la natalité française, à la propagation de la race, à la fécondité de la société familiale.

1° Remarquons d'abord que la virginité, le célibat religieux et sacerdotal est et sera toujours une *exception*. Le célibat n'est pas fait pour la généralité des hommes. La loi commune de leur être est de se reproduire, de se multiplier, de remplir la terre, et selon la parole de saint Paul, mieux vaut cent fois se marier que de se laisser brûler, au dedans, par les feux d'une continence déréglée. Le mariage est un état saint, pourvu qu'on en remplisse les devoirs, pourvu surtout qu'en se mariant, on ne se dérobe pas lâchement au glorieux devoir de la paternité. Voilà la règle, et voici l'exception. Il y a des hommes que la nature même a disposés au célibat. D'un côté ils ont l'esprit élevé, le cœur naturellement pur, le caractère ferme, et d'un autre côté ils sentent qu'avec la grâce de Dieu et la vigilance ils domineront assez facilement les ardeurs de la chair et du sang. Ils trouvent d'ailleurs dans leur famille des ascendants ou des collatéraux qui ont honoré le cloître ou l'autel et qui semblent leur offrir comme un héritage sacré le sacerdoce ou la vie religieuse. Ils viennent donc frapper à la porte du sanctuaire, et après un long noviciat, après plusieurs années de discipline austère et d'épreuves variées, quand l'Eglise leur a dit une dernière fois : Vous pouvez vous retirer, vous êtes encore libres, *hactenùs liberi estis*, ils se donnent définitivement et librement à la sainte virginité. Qu'y a-t-il à dire à cela ? Évidemment, si la plupart des femmes et des hommes avaient la vocation religieuse, il y aurait de quoi s'émouvoir et la question de la natalité se poserait très inquiétante pour la société. Mais qu'on se rassure. L'exception confirme la règle et ne la viole pas ; la virginité est l'exception et le mariage reste la règle. La grâce qui appelle au célibat ne détruit pas la nature qui pousse au mariage, et la vocation religieuse sera toujours l'apanage d'une élite, et la quantité des vierges et des prêtres qui se consacrent à Dieu restera toujours infime en comparaison de celle des hommes et des femmes qui se marient. Ce n'est donc pas de la chasteté parfaite que viendra jamais la ruine de la société. C'est le vice qui dépeuple les familles. Multipliez les vierges et les mariages seront féconds.

2° La virginité, en effet, est un *exemple* qui prêche aux gens mariés l'amour du devoir dans le sacrifice. « La raison éclairée par la foi, a écrit Mgr d'Hulst, nous dit que la vraie cause de la stérilité des mariages étant l'égoïsme, tout ce qui favorise le renoncement développe dans la société une tendance morale qui profite à la fécondité. Il y a un rayonnement de la virginité sur le mariage. Dans une famille pénétrée de l'esprit chrétien, il y aura toujours un ou plusieurs enfants qui renonceront aux joies de la famille pour se donner à Dieu ; et leurs frères et leurs sœurs porteront dans le mariage des dispositions généreuses qui rendront leurs unions fécondes. » Rien de plus vrai. Les vierges sont en quelque sorte des porte-drapeau. Le porte-drapeau ne lutte pas, il fait mieux, il élève le plus haut qu'il peut et à travers tout péril et au prix de sacrifices surhumains, le symbole entraînant des luttes. Tel celui qui pratique le célibat vrai et saint. Il paraît hors cadre et ne pas appartenir à la grande masse qui produit et qui peine. En réalité, il est l'exception qui entraîne la multitude. Il ne s'exile pas de l'humanité, il la précède. Il ne dédaigne pas ses frères plus humbles, il leur tend la perche et les attire dans le chemin du devoir. Il rend au mariage un service signalé, en lui assurant sa dignité et sa fécondité. Quel spectacle, quel exemple, quelle puissante leçon pour les époux que ces êtres de chair et d'os comme eux, que ces amis, ces parents peut-être, qui savent maîtriser leurs sens et mener une vie presque angélique ! Quelle vivante prédication de mortification et de moralité ! Et par conséquent, quelle puissante garantie de fécondité pour le mariage, dont les nobles fins ne peuvent être pleinement atteintes que dans une relative pureté !

3° Ajoutons à cela que la virginité n'est pas seulement un exemple, mais *un soutien et un allègement* pour les familles nombreuses. Le célibat n'exige point de dot et les parents redoutent moins les charges d'une famille nombreuse, si plusieurs de leurs enfants, en gardant le célibat, doivent laisser leur patrimoine intact à leurs frères et sœurs. Et puis, qui ne sait que les enfants mariés s'occupent peu de leurs parents, tandis que la vierge, ange de paix du foyer domestique, prodigue son affection et ses soins aux auteurs de ses jours, tandis que le prêtre est souvent l'appui non seulement moral, mais matériel de son père et de sa mère, de ses frères et de ses sœurs, de ses neveux et de ses nièces ? Le mariage est plus facilement fécond, quand les époux, pour élever leurs nombreux enfants, trouvent le concours de ceux et de celles qui précisément se sont voués au célibat pour aider les familles dans leur lourde tâche. Le célibat religieux et sacerdotal travaille efficacement à la prospérité et à l'accroissement des foyers.

4° Cette bienfaisante influence de la virginité sur le mariage peut se démontrer par une preuve d'*expérience*. Aux époques où le célibat religieux était le plus fréquent, dans les contrées où encore aujourd'hui il est le plus en honneur, la natalité était et reste plus forte. Preuve évidente, palpable, preuve par les faits que la virginité chrétienne favorise non la décroissance, mais l'augmentation des naissances. Les sociologues les moins dévots sont obligés d'admettre que, dans l'ancien régime, la vocation religieuse favorisait la natalité, parce que les pères de famille, trouvant là pour les cadets un établissement qui leur donnait toute confiance et sécurité, ne se souciaient plus de limiter le nombre de leurs enfants. Oui, là où naissent les vocations religieuses, là, en général, foisonne une postérité nombreuse. C'était déjà vrai au IVe siècle, quand saint Ambroise écrivait : « Là où le zèle de la virginité est plus grand, plus grand aussi est le nombre des hommes. Chaque année il se consacre à Dieu plus de vierges en Afrique qu'il ne naît d'hommes en Italie. » Et c'est encore vrai à l'heure présente. Les régions de la France qui donnent le plus de prêtres à l'Église sont aussi celles qui ont les familles les plus nombreuses et qui donnent le plus de citoyens à la patrie. C'est dans les régions où le plus grand nombre de jeunes filles se font religieuses que la population augmente souvent le plus, parce que celles qui se marient ont plus d'enfants.

Un père de famille qui a 12 enfants et qui en est fier expliquait dernièrement à un journaliste comment il élevait ses fils et ses filles : « Mes filles aînées ont trouvé des maris exceptionnels. L'une d'elles a trouvé mieux encore : elle est devenue épouse du Christ et servante des pauvres. C'est la part de Dieu. Le sacrifice nous fut dur, car celle-là était la plus gaie, la plus aimante et la plus aimée, autant qu'il est possible d'en aimer une plus que les autres. Mais nous avons pensé que Dieu nous avait assez comblés pour que nous lui accordions généreusement la dîme de notre bonheur. Et la chère enfant nous a quittés, allant chercher « la meilleure part », et emportant aussi la meilleure part du cœur de son vieux père dont elle était déjà presque « la sœur », tant nous nous comprenions. Maintenant, si Dieu veut aussi un de nos benjamins pour l'autel, qu'il l'appelle et on le lui donnera. » Et le journaliste, qui nous fait ce récit touchant, ajoute : « Ainsi me parla cet homme. Sa voix s'était attendrie et son œil s'était légèrement mouillé à ces dernier mots. Et depuis je suis un de ses nombreux admirateurs. *Dieu donne à la France beaucoup de ses pareils !* »

ÉPILOGUE

ÉPILOGUE

Le grave sujet que nous venons d'étudier bien imparfaitement a été traité de main de maître en 1908 par le célèbre cardinal Mercier, archevêque de Malines, primat de Belgique.

Nous recommandons très instamment la lecture de la Lettre magistrale de l'éminent Cardinal sur *les Devoirs de la vie conjugale*. On trouvera là des affirmations doctrinales et des précisions pratiques qui sont des foyers de lumière pour toute conscience attentive.

Le Comité de défense sociale et religieuse de la Loire vient de mettre en brochure la Lettre pastorale de l'illustre primat de Belgique et il fait précéder cette publication d'une *Introduction* qui est elle-même une courageuse apologie de la fécondité du mariage chrétien.

Tous les lecteurs voudront se procurer la brochure du cardinal Mercier (1). Nous plaçons ici sous leurs yeux et nous signalons à leur attention l'Introduction qui la précède et qui est signée du *Comité de défense sociale et religieuse* de Saint-Etienne. Merci au Comité de Saint-Etienne qui a bien voulu nous autoriser à reproduire un document d'aussi haute valeur !

(1) La brochure du cardinal MERCIER sur les *Devoirs de la vie conjugale* est en vente au secrétariat du Comité de défense sociale et religieuse de la Loire, 25, rue Michelet, Saint-Étienne. Prix d'un exemplaire 0 fr. 15, de 10 exemplaires 1 fr. 25, de 100 exemplaires 12 francs. Le port en sus ; soit 0 fr. 05 pour un exemplaire, 0 fr. 20 pour 10 exemplaires.

∴

L'illustre primat de Belgique, le cardinal Mercier, en qui s'incarne la résistance indomptable de l'âme belge à la brutalité allemande, a daigné autoriser le Comité de Défense Sociale et Religieuse de la Loire à réimprimer et à propager sa lettre pastorale sur les devoirs de la vie conjugale.

Qu'il nous soit permis d'exprimer au grand Archevêque, sur qui les regards du monde restent fixés depuis deux ans avec une admiration croissante, notre respectueuse et profonde gratitude. Il ne nous a pas fait seulement un grand honneur dont nous sentons tout le prix, il nous met dans les mains une arme efficace pour combattre le plus redoutable ennemi de la France.

Avant que la guerre inondât les champs de bataille du sang des plus braves et des plus généreux de ses fils, notre race s'acheminait honteusement vers la mort par la stérilité. Si féconde jadis, elle voyait chaque année décroître le nombre des naissances, comme si la maladie ou la sénilité avait tari en elle les sources de la vie.

Les statistiques officielles ne permettent à cet égard aucun doute et il est impossible d'en contester l'exactitude, puisque les naissances sont toutes déclarées et enregistrées et que rien n'est plus facile que d'en faire chaque année le dénombrement complet.

On nous permettra de remettre une fois de plus sous les yeux du lecteur ces chiffres navrants : ils sont le complément nécessaire de ceux que cite le cardinal Mercier.

Constatons tout d'abord, la rougeur au front, que la France est de tous les pays du monde celui où le *coefficient de natalité* est le plus faible.

Il naît chaque année pour 10.000 habitants :

En France.	202	enfants	vivants.
En Angleterre	268	—	—
En Allemagne	286	—	—
En Italie.	300	—	—
En Espagne	344	—	—
En Autriche	345	—	—
En Russie	465	—	—

En 1911, il est né en France 742.000 enfants alors qu'il en naissait 1.870.000 en Allemagne.

La France était en 1850, avec sa population de 35 millions et demi d'habitants, légèrement supérieure à l'Allemagne. En 1870, elle était déjà tombée au-dessous, puisqu'on ne comptait plus que 38 millions de Français contre 40 millions d'Allemands. Mais depuis lors l'écart a grandi d'une manière effrayante : 38 millions contre 49 en 1890, 39 millions et demi contre 67 en 1913.

A quoi bon chercher d'autres chiffres? Ceux que nous venons de citer ne sont-ils pas largement suffisants pour démontrer que le sacrifice sanglant de notre héroïque jeunesse et la victoire la plus complète ne sauveraient pas notre malheureux pays de la décadence, de l'invasion et de la mort, si notre peuple, décimé par la guerre, ne retrouvait pas après la paix sa fécondité d'autrefois?

Sur ce point, il n'y a pas de divergence possible d'opinions, et nul ne conteste, en effet, que la question de la natalité ne soit une question de vie ou de mort pour la France. Les Académies et le Parlement s'en préoccupent. On fait des enquêtes, on multiplie les statistiques, on recherche diligemment les causes du mal, on préconise les remèdes les plus variés.

Tout cela est très opportun; jamais on n'attirera l'attention du public avec trop d'insistance sur ce sujet vital; jamais on ne proclamera trop haut que le relèvement de la natalité est la condition primordiale du relèvement du pays; jamais on ne s'appliquera avec trop de zèle à rehausser dans l'opinion les familles nombreuses et à leur venir en aide ! Bien loin donc de critiquer les tentatives intéressantes qui se produisent en leur faveur sous diverses formes et de divers côtés, nous devons les approuver et nous y associer dans la mesure de nos forces.

Il faut donc envisager le côté économique et, pour ainsi dire, matériel de la question ; atténuer les préoccupations d'intérêt auxquelles la survenance d'enfants peut donner lieu : assurer des ressources suffisantes aux familles nombreuses ; leur procurer des logements convenables ; corriger en leur faveur les injustices d'une législation tout a l'avantage des familles restreintes et des célibataires. Nous reconnaissons volontiers la part très large qui doit revenir à l'État dans ces mesures de juste réparation et de sage prévoyance. Nous applaudissons aux efforts des ligues et associations qui poursuivent ces réformes ou qui assignent à la bienfaisance privée une action devenue indispensable.

Mais, après avoir fait au corps, je veux dire à l'intérêt, sa juste part, cherchons sincèrement à découvrir dans les causes de la dépopulation la part de l'esprit et de la volonté, la part de l'âme.

En dehors des cas plus ou moins fréquents où le manque d'enfants peut être attribué à la misère, l'observateur de bonne foi aperçoit constamment, dans tous les milieux, le type, devenu habituel et considéré comme normal de familles, dont la fécondité est entravée, non par une nécessité prétendue, mais par le simple calcul d'une préférence égoïste.

Dans ces familles restreintes, on ne cache même plus le parti pris d'éviter les peines et les soucis qu'occasionnent la naissance et l'éducation d'un enfant. La mère prétend avoir le droit de se préserver de la douleur et de la fatigue. Le père veut s'affranchir d'un surcroît de peine et de travail. La loi du devoir est tenue pour inexistante; on lui substitue la loi du moindre effort. Dès lors, plus de frein à la fougue de la passion sensuelle. Ses exigences sont tenues pour incoercibles et, dominés par elles, de prétendus honnêtes gens n'hésitent pas à recourir aux fraudes les plus perverses pour frustrer la nature de ses fins instinctives.

La racine du mal est là : aveugle, qui ne veut pas la voir. Ce qui fait la gravité effroyable de la crise, ce n'est pas seulement la généralité des infractions à la morale ; c'est surtout l'attitude de défi observée au regard du principe même de la morale familiale. Jamais la notion du bien et du mal n'a été plus obscurcie. Quel remède apporter à un malade qui ne veut pas reconnaître son infirmité et qui se glorifie de ses tares ?

Les moralistes, qui demandent à la seule raison humaine l'enseignement du devoir, espèrent que l'instinct de la conservation sociale suffira à restituer à la famille française la fécondité nécessaire au salut de la race. Ils comptent sur les dures leçons de la guerre pour faire comprendre aux patriotes que la stérilité volontaire est une sorte de désertion. Leur sociologie se formule dans le principe suivant : « Tout homme a le devoir de contribuer à la perpétuité de sa nation, exactement comme il a le devoir de la défendre. » Il est certain que le sentiment patriotique aidera les meilleurs citoyens à corriger l'égoïsme de leurs précédents calculs. Mais qui oserait affirmer qu'une obligation nationale ainsi définie sera généralement respectée, alors surtout qu'il ne peut être question de lui assurer une sanction efficace ? Et même, s'il s'agit simplement d'un appel à la bonne volonté, que peut-on pratiquement en attendre alors que, depuis deux ans, les statistiques les plus désolantes ne cessent de nous apprendre qu'il est plus facile de sacrifier héroïquement sa vie pour la France que d'assurer au pays de dignes héritiers de cette vie.

Pour nous catholiques, il n'est pas besoin de théories nouvelles et de considérations passagères pour raffermir les prescriptions rigoureuses de la morale éternelle. Le Décalogue est notre loi absolue, que nulle volonté humaine ne peut amender. Mais, parce que l'amour du plaisir et la crainte de l'effort ont obscurci la notion du devoir chez des chrétiens attiédis, parce que l'ignorance religieuse a laissé s'accréditer sur les données les plus certaines de la morale de détestables préjugés, nous avons besoin de compléter, sinon de refaire, l'éducation de nos consciences. Aux heures obscures, quand la lumière fait défaut à nos âmes égarées, il nous suffit, pour être pleinement et divinement éclairés, de nous tourner vers nos Évêques.

Les Évêques de France n'ont pas manqué de signaler aux fidèles les honteuses origines et les désastreux ravages de la dépopulation. En moins de trois ans, 17 mandements épiscopaux ont traité de ce grave sujet. Jamais la chaire chrétienne n'avait fait entendre d'enseignements plus précis sur cette matière délicate et n'avait rappelé avec plus de fermeté les anathèmes portés par Dieu contre les profanateurs du mariage.

Nous aurions pu extraire de ces leçons doctrinales divers enseignements auxquels les dangers de l'heure présente apportent une douloureuse consécration. Évitant les difficultés d'un tel choix, il nous a semblé meilleur de borner notre propagande à la diffusion d'un mandement unique. La célèbre lettre pastorale du Cardinal Primat de Belgique, publiée en 1908, a été préférée pour cette diffusion, non parce qu'elle exprime une doctrine plus complète et plus sûre, mais parce que la grandeur du rôle rempli depuis le début de la guerre par l'auguste Pontife a donné à sa parole une portée extraordinaire qui lui permet d'atteindre une multitude de non croyants.

Écoutons donc avec respect et soumission la grande

voix du cardinal Mercier ; pénétrons-nous de son enseignement qui est l'enseignement même de l'Église ; propageons autour de nous cette lettre admirable dans laquelle les devoirs de la vie conjugale sont exposés avec une sûreté magistrale.

Que les parents n'hésitent pas à les mettre entre les mains de leurs fils et de leurs filles au moment où se prépare leur mariage. Une coutume invétérée veut que les jeunes filles soient laissées jusqu'au dernier moment dans l'ignorance des obligations auxquelles va les assujettir leur titre nouveau d'épouses. On peut admettre que le plus grand nombre d'entre elles ont deviné ou appris par des voies détournées ce que les mères avaient le devoir et n'ont pas eu le courage de leur enseigner ; mais, combien d'obscurités dans cette instruction où l'imagination a parfois une large part ! que de lacunes dans cette science vague et incomplète qui ne comprend pas la connaissance des prescriptions très précises et très rigoureuses de la morale catholique ! Est-il surprenant dès lors que des devoirs si mal connus et dont l'observation est parfois pénible ne soient pas remplis ? N'est-il pas fatal que bientôt s'établissent de détestables habitudes, que l'on n'aura pas plus tard le courage de réformer, lorsque la vérité morale sera enfin révélée ?

Il n'y aura de salut pour la France victorieuse que par la multiplication de ses fils, mais cette multiplication est certaine si les époux observent les lois que leur impose la morale catholique sous peine de damnation. Des Français, des catholiques pourraient-ils hésiter encore ?

Ces lois sont dures, dira-t-on peut-être, surtout pour les femmes, à qui des maris incapables de se maîtriser, imposent un fardeau au-dessus de leurs forces ; elles le sont aussi pour les familles sans épargne dans lesquelles, si les enfants surviennent de deux ans en deux ans ou à des intervalles encore plus rapprochés, la naissance du troisième et plus encore des suivants amène la gêne et la misère.

Nous n'en disconvenons pas. Mais nous remarquons tout d'abord qu'il serait absurde d'imputer à la loi ce qui est la faute de l'homme et, d'autre part, que l'assistance publique et la charité privée viennent dès maintenant et viendront de plus en plus au secours des ménages de travailleurs à partir du troisième enfant.

Ne sommes-nous pas d'ailleurs à un moment de l'histoire nationale où chacun doit faire tout son devoir, si difficile, si pénible qu'il puisse être, afin que la France soit sauvée? Tandis que la jeunesse masculine brave la mort sur les champs de bataille, les jeunes femmes ne doivent-elles pas accepter avec empressement et avec courage ces maternités successives qui sont leurs campagnes à elles?

Elles répareront ainsi le mal que les femmes qui par coquetterie ou par lâcheté ne voulaient pas d'enfant ou n'en voulaient qu'un seul, ont fait à la France. Elles n'auront point d'ailleurs à s'en repentir même ici-bas parce qu'elles travailleront ainsi, en même temps qu'à la grandeur du pays, à leur propre bonheur.

Ne sont-elles pas nées pour être mères, et la honteuse liberté et les dégradants plaisirs que procure, souvent au péril de la santé, la stérilité volontaire, peuvent-ils entrer en balance avec la joie de donner la vie et la fierté de voir grandir autour de soi une belle couronne d'enfants?

Le Comité de Défense sociale et religieuse de Saint-Étienne (Loire).

INDEX ALPHABÉTIQUE

Adam.................. 8
Agriculture (Fléchissement de l')........... 41
Allemagne........7, 38, 44
Alliance (L') nationale pour l'accroissement de la population française................. 136
Ambroise (St).......... 172
Amette (Card.).......... 140
Angleterre............. 47

Bassin houiller du Nord. 41
Bazin (René), 7, 43, 68, 78, 88, 93, 122, 127, 147, 152
Benoît XV............. 11
Bérenger................ 78
Bertillon.............74, 136
Bonnet (Gal)............ 15
Bossuet..........10, 21, 45
Briey (Arrt de)........ 40
Bucholz................ 52
Bureau, 76, 135, 136, 137, 140

Canada................ 103
Célibat (Le)............ 161
Chabrol (de)........... 92
Chenu (Charles).....89, 119
Colonies françaises (Les)................ 49
Comité de défense sociale et religieuse......177, 178
Concile de Trente (Catéchisme du)........... 10
Cunégonde (Ste)........ 14
Custine (Mme de)....... 22

Dauchez (Dr)........... 153
David.................. 8
Défense (La) nationale. 50
Dilke.................. 36
Divorce (Le)........... 79
Drouot (Gal). 26

Étrangers (Les) en France............... 38
Évangile............... 9
Évans.................. 64
Ève.................... 8
Expansion nationale... 46

Familles nombreuses... 123
Foyer dépeuplé......... 22
Foyer peuplé........26, 28
Frédéric II............. 63

Genèse................ 8
Gide (Charles)......... 35
Giraud (Victor)........ 95
Guiraud (Joseph)....... 105

Henri (St).............. 14
Hugo (Victor).......... 22
Hulst (Mgr d')......106, 170

Isaac (Auguste), 23, 30, 44, 45, 103........... 136

Janvier (R. P.)......... 107
Joly (Henri)... 61
Jordan.................. 76

Lacassagne.............. 76
Lacordaire (R. P.)...26, 35
Lallier................. 29
Lamy (Étienne), 55, 118, 139
Langue (La) française. 49
Lavedan (Henri), 92, 95, 135, 138, 141, 148, 156, 165
Legrain (Dr)............ 95
Le Play................. 103
Leroy-Beaulieu (P.), 60, 156
Ligue populaire des pères et mères de familles nombreuses en France.............. 135
Logement (Le) des familles nombreuses.... 125
Lokal-Anzeiger (Le).... 52

Maire (Capitaine)....... 135
Malleray (de)........... 41
Malthus................. 75
Matthieu (St) 155
Mercier (Card.)......11, 177
Moltke (de)............. 51
Monsabré (R. P.), 11, 12, 97, 108
Montesquieu 156

Ozanam.................. 29

Paul (St).............29, 163
Petiton................. 69
Pinard (Dr) 104
Plus grande Famille (La)...........17, 23, 136
Post (La).............. 52
Pour la Vie.........52, 135
Prospérité générale (Fléchissement de la). 43
Publicistes chrétiens (Programme des).... 121

Recrutement (Le) du Clergé................ 66
Réformes nécessaires... 121
Richesse (Fléchissement de la) 38
Richet (Dr)............. 104
Rommel.............16, 35
Roosevelt 36
Rousseau (J.-J.).....67, 168

Simon (Jules).......... 76
Société (La) familiale, passim
Sonis (Gal de).......... 112
Soulange-Bodin (abbé). 59

Tayo (Le).............. 36
Télégramme (Le) de Toulouse............. 139
Temps (Le) 99
Tertullien.............. 9
Tissier (Mgr)........... 55

Variot (Dr)........ 87
Vaughan (R. P.)....... 64
Virginité (La) chrétienne............... 161
Virginité (La) laïque.. 165
Virginité (La) sacerdotale..............165, 167
Vivre sa vie........... 105
Vote (Le) familial..... 122

Wolff.................. 151

TABLE DES MATIÈRES

INTRODUCTION

Pages.

La fécondité de la société familiale............ 7

CHAPITRE PREMIER

Le fléau de la dépopulation : ses conséquences.

I

1° Au point de vue familial........................... 21

CHAPITRE II

Le fléau de la dépopulation : ses conséquences.

II

2° Au point de vue national........................... 35

CHAPITRE III

Le fléau de la dépopulation : ses conséquences.

III

3° Au point de vue catholique........................ 59

CHAPITRE IV

Le fléau de la dépopulation : ses causes.

IV

1° La perversion des lois............................... 73

Pages.

CHAPITRE V

Le fléau de la dépopulation : ses causes.

V

2° La perversion des mœurs 87

CHAPITRE VI

Le fléau de la dépopulation : ses causes.

VI

3° La perversion des consciences 103

CHAPITRE VII

Le fléau de la dépopulation : ses remèdes.

VII

1° La législation 117

CHAPITRE VIII

Le fléau de la dépopulation : ses remèdes.

VIII

2° L'opinion 131

CHAPITRE IX

Le fléau de la dépopulation : ses remèdes.

IX

3° La religion 145

CHAPITRE X

Ceux et celles qui ne se marient pas : le célibat.

X

Le célibat 161

ÉPILOGUE 177

INDEX ALPHABÉTIQUE 185

695-17. — Paris. Imp. des Orphelins-Apprentis d'Auteuil, 40, rue La Fontaine.

PARIS (VIe)
Librairie de P. LETHIELLEUX, Éditeur
10, RUE CASSETTE, 10

La Mobilisation des Berceaux

RÉFLEXIONS D'UN CHASSEUR ALPIN

Par F.-A. VUILLERMET

In-12. 2.25 *majoration temporaire en plus.* 2.70

L'auteur est connu de tous ceux que préoccupe la question de la dépopulation. Un sociologue éminent appelait le *Suicide d'une race* le bréviaire indispensable à ceux qui veulent parler ou écrire à ce sujet.

La *Mobilisation des Berceaux* en est le complément : le *Suicide d'une race* a été publié en temps de paix, la *Mobilisation des berceaux* a été écrite en temps de guerre, d'après la situation créée par la guerre, pendant les heures de repos que laissaient les batailles.

Des soldats, qui feront la France de demain, l'auteur donne les opinions, les réflexions, réfute les objections sur le grave problème de la natalité, sous une forme simple, intéressante, éloquente parfois.

Il écoute la voix des morts, qui demandent que leur sacrifice ne soit pas vain, et il invite les vivants aux luttes nécessaires, après la victoire, contre les fléaux destructeurs de la vie.

Le P. Vuillermet insiste sur la régénération de la France par les familles nombreuses, en indiquant les réformes nécessaires à leur épanouissement. Et, ayant proclamé urgente la mobilisation des berceaux, il crie sa conviction que la France ne mourra pas et qu'elle demeurera fidèle à sa mission providentielle.

LE MARIAGE

Par Mgr ISOARD, Évêque d'Annecy

Nouvelle édition, mise en accord avec les dernières décisions du Saint-Siège.
Par le chanoine LACHENAL, ancien vicaire général d'Annecy.

In-12 : 3 fr. *majoration temporaire en plus :* 3 fr. 60.

Que de livres ont déjà été écrits sur cette matière ! L'ouvrage de Mgr Isoard, au dire d'un célèbre missionnaire, est certainement le meilleur qui puisse être mis entre les mains soit des prêtres, soit des gens du monde. « La doctrine en est sûre, écrit un théologien d'au-delà des monts, et je me sers toujours des ouvrages de Mgr Isoard pour mes conférences. » Les considérations élevées qui servent d'introduction à cet ouvrage mettent le mariage à sa vraie place ; elles expliquent à beaucoup de chrétiens qui l'ignorent l'infériorité du mariage vis-à-vis de la virginité ; mais en même temps la grandeur du mariage resplendit parce que le mariage est saint, et le mariage est saint parce qu'il est un sacrement.

L'indissolubilité y est traitée de main de maître, et le divorce jugé par une intelligence qui sait montrer l'absurdité de cette loi française et les conséquences effroyables qu'elle produit dans la société.

La Mairie et l'Église, tel est le titre de la deuxième conférence : d'une manière très originale et convaincante l'auteur démontre qu'il ne peut y avoir de vrai mariage que celui que Dieu a béni par son ministre.

Les prôneurs du féminisme contemporain verront dans ce volume le cas qu'il faut faire de la prétendue *égalité de la femme et de l'homme.*

Si la doctrine développée dans la cinquième conférence : *Croissez et multipliez-vous*, était plus connue, les gémissements de nos contemporains sur la dépopulation ne seraient ni si généraux, ni si fondés.

Puisse ce livre trouver sa place dans toutes les maisons chrétiennes et faire refleurir dans notre cher pays de France la famille que Dieu avait créée et qui a rendu notre pays si puissant et si prospère pendant des siècles.

Q. L.

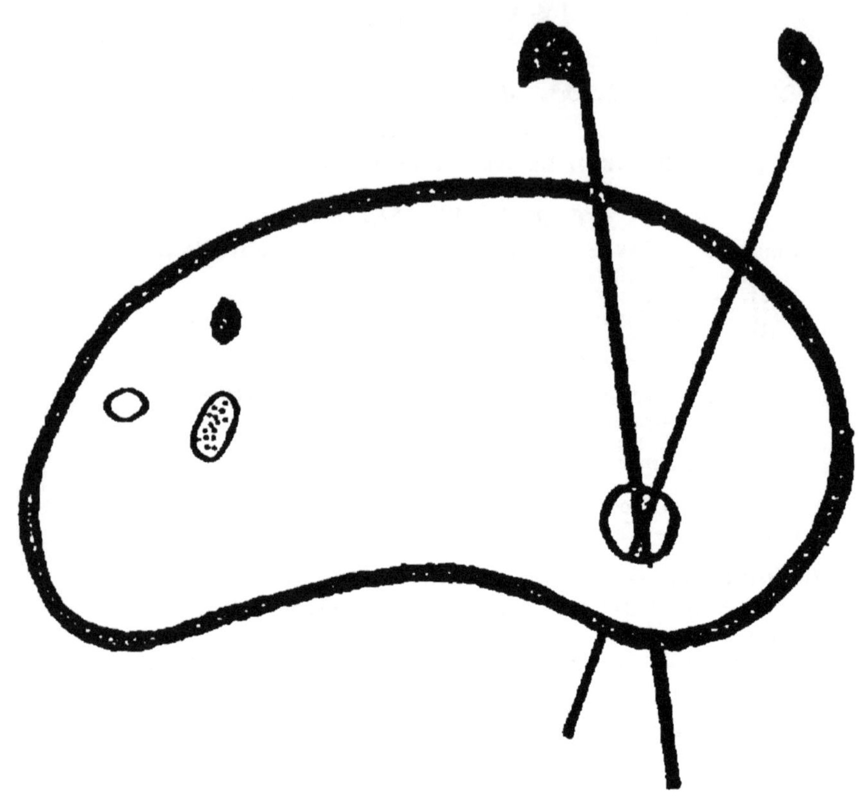

www.ingramcontent.com/pod-product-compliance
Ingram Content Group UK Ltd.
Pitfield, Milton Keynes, MK11 3LW, UK
UKHW022055190726
13855UKWH00002B/510